옆집 사는 글 쓰는 작가들

이용건 작 진원 룡음
이상 임동 정규 김태 장해 박지

평범 수는글쓰 작가들

우리 곁의 사람들이 진심으로 써 내려간
여섯 개의 특별한 이야기

좋은와가

°들어가며

'쓰는 일'이란 결국 삶을 비추는 또 하나의 방식이다

글을 쓴다는 것은, 삶을 응시하는 일입니다. 잠시 멈춰 서서 지나온 시간을 돌아보고, 마음 깊은 곳에 묻어 두었던 감정과 기억을 다시 꺼내 보는 일입니다. 그리고 그것을 단어로, 문장으로, 의미로 빚어 세상에 건네는 일입니다. 쉽게 할 수 있을 것 같지만, 막상 해보면 얼마나 어려운지, 또 얼마나 벅찬 일인지 깨닫게 됩니다. 하지만 글쓰기는 그럼에도 계속하게 되는 일입니다. 마음속에 머물러 있던 말들이 결국 흘러나올 곳을 찾기 때문입니다.

이 책은 여섯 명의 사람들이 각자의 자리에서 써 내려간 삶의 기록입니다. 이들은 직업도, 연령도, 살아온 환경도 모두 다릅니다. 어떤 이는 강단에서 사람들을 가르치고, 어떤 이는 회사의 일원으로 치열한 하루를 살아가며, 또 어떤 이는 가정을 돌보며 자신의 시간을 만들어 냅니다. 그럼에도 이들이 공통으로 지닌 것이 있다면, 바로 '글을 쓰고 싶다'는 마음이었습니다. 쓰지 않으면 안 될 것 같은, 언젠가는 꼭 써야만 할 것 같은 그 마음 말입니다.

이들이 글을 쓰기 시작한 계기는 저마다 달랐습니다. 어떤 이는 삶의 전환점에서 자신을 돌아보기 위해, 어떤 이는 더 이상 외면할 수 없는 감정을 마주하기 위해 펜을 들었습니다. 누군가는 배운 것을 나누고자 했고, 누군가는 단지 '쓰는 나'를 만나고 싶어서였습니다. 시작은 소박했지만, 그 마음이 모여 하나의 여정을 만들어 냈습니다. 그리고 지금, 우리는 그 여정의 한 가운데에서 이 책을 펼쳐 듭니다.

글에는 진심이 담깁니다. 기술이나 화려한 표현보다 더 먼저 드러나는 것은, 그 사람의 마음입니다. 이 책에 실린 글들에는 진심이 있습니다. 솔직하고, 묵직한 문장들이 마음을 두드립니다. 삶이 녹아 있는 글이 가진 힘은 의외로 큽니다. 독자의 마음을 건드리고, 오래 기억되며, 때로는 삶의 방향을 바꾸는 실마리가 되기도 합니다. 이 책은 그런 가능성의 문을 조용히 열어두고자 합니다.

공동 출판이라는 형식은 이 시대에 점점 더 중요해지고 있는 방식입니다. 우리는 점점 더 자신의 목소리를 내고 싶어 합니다. 그러나 그 목소리를 낼 수 있는 공간은 여전히 제한적입니다. 혼자 내기엔 두려운 목소리들이, 함께 모이면 울림이 됩니다. 여섯 명의 사람들이 자신의 글을 통해 삶을 꺼내 놓았고, 우리는 그 조각들을 모아 한 권의 책으로 엮었습니다. 이 책은 그들의 시작이자, 또 하나의 만남입니다.

이 글들이 특별한 이유는, 그것이 누군가의 '처음'이기 때문입니다. 첫 문장을 쓰기까지 얼마나 많은 망설임이 있었는지, 첫 고백을 담기까지 얼마나 많은 침묵을 견뎠는지 우리는 압니다. 그래서 이 글들은 작지만 강합니다. 불완전하지만 의미가 있습니다. 그리고 무엇보다, 이 책을 읽는 당신 역시 언젠가 쓸 수 있다는 희망을 품게 합니다. '나도 글을 쓸 수 있을까?'라는 조심스러운 질문에 '당연히 그렇다'고 말해주는 목소리들이 이 책 안에 있습니다.

우리는 이제 막 출발선에 섰습니다. 이 책은 완성이라기보다 출발의 기록입니다. 여섯 명의 사람들이 각자의 자리에서, 각자의 방식으로 살아온 이야기를 꺼내고, 함께 글을 쓰고, 하나의 목소리로 엮어냈습니다. 그리고 이 책이 누군가의 또 다른 시작이 되기를 바랍니다. 글을 쓰고 싶은 마음을 품은 누군가가, 이 페이지들을 넘기며 '나도 시작해도 되겠구나' 하고 느끼기를. 이 책은 그렇게, 또 하나의 삶과 또 하나의 문장을 기다립니다.

° 차례

들어가며_'쓰는 일'이란 결국 삶을 비추는 또 하나의 방식이다

1장 길을 아는 것과 그 길을 걷는 건 다르다

015 기꺼이

025 아내가 엘리베이터 버튼을 누르다

033 노란 깃발, 초록 모자, 그리고 작은 손

039 목화 한 송이

046 나를 떨어뜨린 말 위에 다시 올라타라

2장 우리는 인생에서 무엇을 남길 것인가

061 떠난 열차는 아름답다

063 고향의 추억

066 장항선

072 봄날은 간다

076 밥그릇

078 세아(世兒)의 추억

082 나의 롤 모델

085 세한도(歲寒圖)

090 만종(晩鐘)

094 끝이 아름다운 사람

3장 물이 되는 꿈

- 099 　　물이 되는 꿈
- 107 　　몬스터, 콜카 계곡을 지나다
- 115 　　반품
- 124 　　등 뒤에서 닫힌 문
- 132 　　귀거래사

4장 백지교육, 마음에 첫 선을 긋다

- 141 　　백지 교육이란
- 141 　　생활 질서 배우기
- 149 　　아이들은 자신의 마음을 표현한다
- 153 　　몸으로 배우는 원리
- 158 　　책을 통해 관계 형성하기
- 161 　　부모도 불안, 숨이 필요하다
- 166 　　부부 사이가 가까워지는 대화 규칙

5장 부자유로운 영혼을 가진 관찰자의 꿈

- 171　　씨앗이 된 씨앗
- 173　　내가 제일 힘들어
- 176　　한여름 밤의 꿈
- 178　　20241203 어떤 가장의 긴 밤
- 181　　映画の話(영화이야기)
- 184　　가시덩굴
- 185　　헛것_검은 무엇인가가 그를 지켜본다
- 186　　또 다른 그에게 하고 싶은 이야기
- 187　　검은색의 무엇인가
- 190　　4인용 식탁
- 193　　흐름을 의식하기 시작하다
- 194　　넘지 못하는 산 건너지 못하는 강
- 197　　꿈을 지우는 관찰자
- 199　　시작점과 도착점

6장 할아버지와 친구가 된 손자

205   찬유의 출생
208   육아를 위해 미국으로 출국
212   루카스의 백일
216   찬유의 첫돌
218   찬유의 두 번째 한국생활
220   스크린 골프장에서 함께
222   홍제천 산책_오리, 잉어
224   어린이집에 다니다
226   즐거운 여름 방학
228   은가어린이공원 물놀이
229   파주 임진각 방문
231   어느날 말문이 트이다
234   찬유의 출국

1장

길을 아는 것과
그 길을 걷는 건 다르다

이
상
용

경영학박사. 숭실대학교 경영학부(경영학박사)에서 겸임교수로 활동 중이며, 34년간 은행에 몸담으며 금융, 고객만족, 마케팅 등 조직 전반에 걸친 실무 경험을 쌓아왔다.
정년퇴직 후에는 그간의 경험을 바탕으로 강의와 컨설팅을 통해 타인의 성장과 변화를 돕는 일에 힘쓰고 있으며, 특히 개인지식관리(PKM)와 직장인을 위한 논문 쓰기 코치로 활동 중이다.

사람들이 자신만의 강점과 가능성을 발견하고 마음껏 펼칠 수 있도록 돕는 것을 삶의 중요한 사명으로 여기며, 진정한 변화는 외부의 압력이 아니라 내면에서 비롯된다고 믿는다. 각자가 자기만의 인생 이야기를 새롭게 써 내려갈 수 있도록 곁에서 힘이 되어주는 조력자가 되는 것, 그것이 지금의 삶에서 가장 큰 목표다.

기꺼이

나는 '기꺼이'라는 단어를 좋아한다. 간결하면서도 그 안에 많은 뜻이 담겨 있기 때문이다. 스스로 선택하려는 의지, 용기, 기쁨, 헌신 같은 가치 등이다.

2년 전, 오랫동안 기다려 온 뚜르드몽블랑 트레킹을 강행됐다. 그동안 개인적인 여러 사정으로 아웃도어 활동을 거의 하지 못해 감각이 많이 무뎌진 상태였다. 준비도 충분히 못 한 채, 일정에 쫓겨 서둘러 출발하게 된 것이다. 매년 아내와 함께 떠나던 여름휴가 프로젝트 중 하나였다. 2013년 티베트 차마고도 백패킹을 시작으로, 스웨덴 쿵스레덴, 스코틀랜드 웨스트하이랜드웨이, 뉴질랜드 밀퍼드 트랙, 일본 북알프스, 그리스 올림포스산, 조지아 카즈베기까지 해마다 여름휴가를 이용해 다양한 트레킹과 백패킹을 이어왔다. COVID-19로 인하여 잠시 멈추었다가 오랜만에 해외 백패킹을 떠나는 순간이다. 늘 하던 방식대로, 사전 계획 없이 트레일에 대한 공부도 없이 그냥 느낌대로 짐을 꾸려 출발한다.

전날 머물렀던 프랑스 샤모니(Chamonix)에서 아침 일찍 버스를 타고 레우슈(Les Houches)로 이동한 뒤, 케이블카를 타고 이번 트레킹의 출발점인 벨뷔 언덕(Bellevue, 해발 1,800m)으로 올라간다. 케이블카를 기다리며 옆에 서 있던 여성에게 이곳이 벨뷔로 가는 케이블카 승차장이 맞는지 물었다. 그녀는 웃으며 "Maybe"라고 답했다. 승차하자마자 바로 케이블카는 움직이기 시작한다. 이제 막 여정을 시작하는 순간이라 기분도 좋고 몸 상태도 가볍다.

본격적으로 프랑스, 이탈리아, 스위스를 거쳐 약 170km를 도보로 일주하는 트레킹이 시작되었다. 처음에는 길이 비교적 평탄해 큰 어려움 없이 무난했다. 그러나 구름다리를 지나자마자 시작된 오르막이 금세 아무 생각도 할 수 없을 만큼 힘들게 만들었다. 숨이 목까지 차올라 더 이상 발을 떼기 힘들다 싶을 즈음, 마침내 트리코 고개(Col de Tricot) 정상에 닿았다. 해발 2,120m. 이름만 고개(Col)일 뿐, 사실상 우리나라의 한라산이나 설악산을 통째로 넘는 것과 다를 바 없었다. 이제서야 깨닫게 된다. 뭔가 잘못되었다는 것을. 배낭 무게에 대해 전혀 고려하지 않았다는 사실이 떠오른 것이다. 정신을 가다듬고 주위를 둘러보니, 나처럼 큰 배낭을 멘 사람은 아무도 보이지 않는다. 마침, 한국 사람인 듯한 젊은이가 쉬고 있어서 말을 걸어보았다. 미국에서 유학 중인데, 여름방학을 맞아 미국 친구 두 명과 함께 이곳에 왔다고 했다. 그의 배낭은 내 것의 절반 크기 정도였다. 무엇을 챙겼는지 궁금해 물어보니, 배낭 무게가 부담스러워 간단하게 물 끓여 먹을 코펠 같은 것도 다 빼고 텐트와 침낭만 챙겼다는 것이다.

한쪽 구석에 내려놓은 배낭을 가만히 바라본다. 삶의 무게만큼이나 무겁게 느껴지는 배낭 옆 주머니에 꽂힌 DSLR 삼각대가 시야에 들어온다. 혼잣말로 중얼거린다. "내가 왜 이렇게 무모했을까…. 그리고 앞으로 어떻게 해야 하나? 이제 막 트레킹 시작인데…" 어떻게 이렇게까지 준비가 서툴 수 있었을까 하는 생각에 스스로에게 잠시 실망을 하기도 한다. 가장 큰 실수는 뚜르드몽블랑 코스에 대한 준비가 충분하지 못했다는 것이다. 예전 쿵스레덴 트레킹 정도의 난이도로 쉽게 생각하고 있었다. 참고하기 위해 가끔 읽었던 블로그 글들에도 이 코스가 만만치 않다는 이야기가 분명 있었지만, 그때는 단순히 글쓴이들이 그저 초보자라서 그렇게 느꼈을 거라고 생각하며 대수롭지 않게 넘겼던 것 같다. 경고에 제대로 귀 기울이지 못하고 마음만 앞섰던 셈이다. 애초에 그런 정보들이 제대로 눈에 들어오지 않았던 것 같다. 문득 '한 가지 생각만 하고 있을 때가 가장 위험하다'라는 말이 떠올랐다.

잠시 숨을 고른 뒤 다시 길을 이어가지 않을 수 없었다. 내리막길이 시작되었는데도 불구하고, 몇 분 걷고 나면 또 멈춰 서서 숨을 돌리는 일을 반복하는 자신을 무심히 바라본다. 등에 멘 배낭은 점점 더 무게감을 더해 두 어깨와 발을 묵직하게 짓눌렀다. 거의 탈진에 가까운 상태였다. 그렇게 마지막 남은 힘을 다해 도착한 곳이 미아지 산장(Chalet de Miage)이었다.

배낭을 벗자마자 그 자리에서 말 그대로 큰대자로 뻗어 버렸다. 그때가 오후 2시쯤이었다. 잠시 숨을 고른 뒤 예정했던 오늘 트레킹의 목적지인 레 꽁타민(Les Contamines-Montjoie)까지 계속 걸어가야 했지만, 이미 전의 상실한 패잔병 같은 모습이었다. 결국 계획을 바꿔 이곳에서 하룻밤 머물기로 한다. 이 배낭 무게로는 더 이상 한 걸음도 나아갈 수 없었기 때문이다. 다행히 산장 근처에 공공 캠핑장이 있다는 것을 알게 되었다.

야영장에서 하룻밤을 보내며 짐을 다시 살펴본다. 꼭 필요하지 않은 장비들을 차근차근 덜어내기 시작한다. DSLR 삼각대, 오즈모 모바일 5, 가민 오리건 550, 크레모아 랜턴, 쿠필카 컵, 우산과 비옷, 중복된 냄비와 프라이팬(캠핑 냄비 하나만으로 충분했음), 여분의 옷가지까지 꺼내놓고 보니 줄인 무게만도 6~7킬로그램에 달했다. 아깝지만 버리고 가는 게 좋을 것 같다고 마음을 굳힌다. 그런데 아내는 늘 사용하던 물건들을 이렇게 단번에 포기하는 건 너무 성급한 결정 같다고 했다. 다른 방법은 없는지 다시 한번 생각해 보며 여러 가지 방안을 고민해 보자고 한다.

다음 날 마음을 정했다. 산장 주인에게 부탁해서 꼭 필요하지 않은 짐은 따로 보관해 두고, 트레킹이 끝나는 대로 짐을 찾아가기로 했다.

먼저 트레킹의 출발점이자 종착지인 샤모니에 한국인이 운영하는 게스트 하우스가 있다는 이야기를 듣고 수소문 끝에 전화번호를 알아낸 뒤 연락을 해본다. 트레킹을 마치고 돌아갈 때 그곳에서 하루이틀 숙박을 하면서 짐을 찾아가고 싶다는 부탁을 했다. 괜찮다고 하면 택시를 불러 그곳으로 짐을 보내려고 한 것이다. 그러나 이미 방이 모두 예약되어 있으며 따로 고객님의 짐을 보관하는 것은 어렵겠다고 그분은 단호하게 거절했다. 차선책으로 미아지 산장 주인에게 말씀드려보기로 한다. 열심히 서빙 중이던 직원에게 사정을 설명하고 부탁을 하니 직원이 하던 일을 멈추고 주방 안으로 들어갔다. 잠시 후에 밖으로 나와서 뭐라 뭐라고 설명해 주는데, 몇 마디 들리는 단어는 "리버? 사이드?", 강가에 짐을 두어라? 무슨 말인지 잘 못 알아듣겠다. 그의 영어 발음도 조금 불분명했고 또 내 영어 실력도 부족해 두 눈만 끔뻑거릴 뿐이다. 주변에 강은 아니고 계곡이 있기는 했는데 계곡 옆에 두라는 말인가? 직원은 금세 자리를 뜨고 하던 일에 열중이다.

    트레킹을 무사히 끝내는 것이 중요한 목표였기에, 덜 중요한 일에 시간을 너무 빼앗길 수는 없다고 생각했다. 그래서 필요 없는 짐을 과감히 버리고 트레킹에 집중하자고 말했다. 하지만 아내는 문제가 발생했을 때는 그 문제를 해결하기 위해 끝까지 시도해 보는 것도 여행에서 중요한 부분이라며 다시 한번 더 알아보자고 했다. 결국 직접 산장 주인에게 부탁해 보기로 한다. 주방으로 들어가 주인아저씨처럼 보이는 분에게 다시 상황을 이야기해 본다. 그는 잠시 일을 멈추더니 웃는 얼굴로 아무 문제 없다는 듯 성큼성큼 다가와 내 짐을 어깨에 둘러메고 따라오라고 한다. 그를 따라가니 건물 뒤쪽에 장작과 여러 물건이 쌓여 있는 창고가 있다. 그는 장작더미 위에 짐을 올려두고 짐을 툭툭 치며 걱정하지 말고, 잘 다녀오라고 말한다. 생면부지의 여행자에게 바쁜 와중에 굳이 불편을 감수하며 흔쾌히 도움을 주는 사람이 얼마나 될까 싶다. 분명 불편한 일이고 성가신 일임에도 내 일처럼 기꺼이 도와주는 모습이 인상적이다. 산장 주인아저씨가 보여준 호의로 가벼운 발걸음으로 여행길에 오를 수 있었고 뚜르드몽블랑 트레킹을 성공적으로 마무리할 수 있었다.

그때 생각 난 게 있다. 그 누군가에게 친절한 것이 얼마나 중요한지, 그리고 누군가를 돕기로 마음먹었다면 주저하지 말고, 불편함을 감수하고서라도 '기꺼이' 도와주어야 한다는 것이다. 타인에게 친절하다는 것은 그만큼 삶에 대한 자신감의 다른 표현일 수도 있다. 몸과 마음이 건강하지 못한 사람은 남에게 친절하기가 쉽지 않다.

그 여행 이후로 친절에 대해서 여러 가지 생각을 하게 된다.

20세기 영국의 사상가 버트런드 러셀(Bertrand Russell)은 사람은 몸의 건강을 위해서 몸에 필요한 음식을 먹어야 하듯이, 정신의 건강을 위해서도 정신에 필요한 음식을 섭취해야 한다고 강조하였다. 어쩌면 우리에게 친절은 정신에 꼭 필요한 양식인지도 모른다. 그리고 21세기를 살아가는 성숙한 시민에게 가장 기본이 되는 덕목인지도 모른다.

언제 어디서나 친절한 사람이 되어야겠다고 다짐해본다. 친절이란 상대방을 이해하고 그 입장에서 도움이 될 수 있도록 생각하고 행동하는 것이다. 내 기분이 좋을 땐 어렵지 않지만, 몸과 마음이 지치거나 스트레스를 받을 때는 무심하거나 불친절해지기 쉽다. 진정한 친절은 이런 상황에서도 상대방 입장에서 기꺼이 상대를 배려하고 편안하게 해 주려는 태도에서 비롯된다. 따뜻한 말 한마디나 편안한 눈길만으로도 충분히 친절할 수 있다. 여기서 중요한 것은 '기꺼이'라는 마음이다.

언제 어디서든 기꺼이 친절하기 위해서는 먼저 자신의 감정을 잘 들여다볼 수 있어야 한다. 감정은 나 자신을 가장 솔직하게 드러내는 신호이자 삶의 길잡이가 된다. '나는 왜 이럴까?' 하고 자책하기보다는 '아, 그렇구나' 하고 있는 그대로 바라보는 태도가 필요하다. 판단이나 평가를 내려놓고 그냥 가만히 살펴보는 것이다. 그렇게 내 감정을 알아차리는 연습을 계속하다 보면, 자연스럽게 더 깊이 이해하고 배려할 수 있는 여유가 생긴다. 내 감정을 잘 살펴보자. 나를 대하는 태도가 곧 다른 사람을 대하는 태도가 되기 때문이다.

여행에서 돌아온 뒤의 일이다. 어느 일요일, 대학원에서 논문 2차 심사가 있어 평소보다 이른 시간에 집을 나섰다. 경복궁역 2번 출구 개찰구 근처에 다다르자 왠지 소란스러운 소리가 들려 잠시 걸음을 멈추어 선다. 한 연세 지긋한 할머니께서 젊은 남자를 가리키며 누군가 도와달라고 주변에 호소하고 있었다. 무슨 일인가 궁금해 가까이 다가가 보니, 젊은 남자가 몹시 당황한 표정으로 어쩔 줄 몰라 하고 있었다. 이야기를 들어보니 그는 일본에서 여행 온 관광객으로, 전날 밤 이태원 근처 클럽에서 놀다가 여권을 분실했고 그 사실을 아침에야 알아차렸다고 했다. 너무 당황해 여권을 찾으러 가려는데, 어디로 가야 할지, 승차권은 어떻게 발급받아야 할지 몰라 길을 묻는 중이었다. 심리적인 여유는 없었지만 시간은 조금 여유가 있어서 도와주기로 한다. 마침, 같은 방향이어서 안내를 해주기로 한 것이다. 내 교통카드로 태그를 한 후 3호선을 타고 좌석에 나란히 앉아 이동하면서 이런저런 이야기를 나눈다. 여권 분실 신고부터 해야 하는 게 아니냐고 물어보니, 여권 분실 신고는 이미 했다고 한다. 스마트폰 번역기를 활용해서 이것저것 물어본다. 일주일 일정으로 한국 관광을 왔는데 어제가 첫날이었고 이태원 근처에서 여권을 분실했다는 것이다.

나는 고속버스터미널 방향으로 계속 가야하는 상황이었지만 약수역에서 6호선으로 갈아타 이태원역까지 안내해 주기로 한다. 역에 도착해 게이트 입구에서 안내소 직원에게 자초지종을 이야기하고 현금으로 승차권 발급하는 방법 등을 알려주십사 요청한다. 그런 다음 좋은 여행 되길 바란다는 인사를 건네고 돌아서는데, 그가 급히 지갑에서 5만 원권 한 장을 꺼내 감사의 표시를 하고 싶다고 했다. 나는 손사래를 치며 괜찮다고 하고 바로 뛰듯이 지하철 계단을 내려간다. 마음 같아서는 잃어버린 여권도 함께 찾아주고 싶었지만, 급한 일정이 있어서 거기까지 도와주는 것만으로 만족하기로 했다. '홀아비의 마음은 과부가 안다'는 말처럼, 여행객들에게 조그마한 친절이 얼마나 중요한지 잘 알기 때문에 최선을 다해서 도와주고 싶은 마음이 저절로 생기게 된 것 같다.

도와주기로 결심했다면 망설임 없이 '기꺼이' 돕자. 그리고 친절하기로 마음먹었다면 주저하지 말고, '기꺼이' 친절해지자. 나비효과처럼 아주 미세한 변화가 시간이 흐르는 동안 상상할 수 없을 만큼 큰 결과로 이어질 수 있다. 내가 품는 작은 생각 하나, 매일 반복하는 사소한 선택 하나가 시간이 지남에 따라 물결처럼 퍼져나가 결국 세상에 긍정적인 영향과 에너지를 전할 수 있지 않을까.

아내가 엘리베이터 버튼을 누르다

"당신 웬일이야. 엘리베이터를 다 누르고…"

순간 놀라서 아내를 바라보며 말했다. 정말 예상치 못한 일이었기에 나로서는 놀라지 않을 수 없었다. 어느 누구라도 늘 하는 너무나 일상적인 일이지만 내 아내에게 그 일은 너무나 낯설고 익숙지 않은 일이란 걸 알고 있기 때문이다. 평상시 아내는 엘리베이터를 탔을 때 무엇을 눌러야 할지 늘 망설이며 가만히 서 있기만 했었다. 가족들과 탈 땐 그런 아내를 잘 알고 있기에 누군가 대신 버튼을 눌러준다. 하지만 전혀 안면이 없는 타인과 함께 타면 버튼을 누르지 못한 채 문이 닫히고, 아내는 내려야 할 곳에 내리지 못했다. 그저 결국 내려갔다가 올라오기를 반복하는 엘리베이터 안에 가만히 있었다. 그렇게 외출하고 돌아오면 아무렇지 않다는 듯 혼잣말을 했다. "일 층까지 다시 내려갔다가 왔네." 언젠가 한 번은 어떻게 하는지 지켜보고 싶어서, 일부러 나도 가만히 있어 본 적이 있었다. 예상대로 우리는 처음 엘리베이터에 탄 19층에 계속 멈춰 있었고, 아내는 가만히 서 있었다. 나는 속으로 '그러면 그렇지' 하고 웃으며 평소처럼 1층 버튼을 눌렀다.

아내는 몸을 움직이는 일을 몹시 꺼리는 사람이었다. 어릴 때부터 키도 작고 체력도 약했다고 한다. 10리가 넘는 먼 등굣길을 걸어가면 언제나 맨 마지막에 학교에 도착했고, 집에 돌아올 때도 늘 뒤에 처져서 혼자 걸었다고 했다. 당시 여느 가정의 아이들과 달리 집에서도 집안일은 많이 하지도 않았고, 대부분의 시간을 공부만 하며 보냈다고 한다. 결혼 후에도 평소 집에서 아내는 조용히 책을 읽거나 뜨개질하며 지냈다. 무언가 해야 할 일이 발생하면, 스스로 움직이기보다는 다른 사람에게 부탁하는 편이었다. 손만 뻗으면 닿을 거리에 있는 스푼이나 책조차도 멀리 있는 나를 불러서 가져다 달라고 하는 일이 일상이었다. 사람들은 흔히 그렇게 대접받는 일에 익숙한 사람을 '공주 같다.'라고 말하기도 한다. 그 말이 어떤 의미인지는 안다. 하지만 나는 그저 아내가 그런 성격이라고 생각했고, 특별히 이상하거나 불편하다고 느끼지는 않았다. 사람은 각자 다 다르고 그런 성향도 있을 수 있는 일이라 생각했기에 크게 신경 쓰지 않았다.

언젠가 한 번 조지 오웰의 《동물농장》에 흰 암말 '몰리'와 비슷하다고 생각한 적은 있었다. 몰리는 자기 이름 여섯 글자 'Mollie' 외에는 배우기를 거부하는 말인데 늘 작은 나뭇가지로 그 글자를 곱게 만들어 놓고는 꽃송이를 얹어 장식하고 흡족해하며 그 주위를 빙빙 맴돌았다. 혁명에도, 이상에도 관심이 없고, 그저 자기가 좋아하는 설탕과 리본에 마음이 빼앗기는 몰리를 상상하며 나는 아내의 모습이 떠올라 피식 웃은 적이 있었다. 내 아내를 어떻게 정의해야 할까? 나는 아내를 '에너지 최소화의 법칙을 철저하게 지키는 사람'이라고 생각한다. 아내는 그 법칙을 놀랄 만큼 성실하게 지키는 사람이었다. 식사 때조차도 배가 고파서 먹는 것이 아니라, 단지 시간이 되었으니 먹어야 한다는 의무감으로 식탁에 앉는 그런 사람이었다. 그래도 나와 다른 그런 모습이 새롭고 신기하기도 해서, 밉다기보다는 오히려 더 친근감이 느껴지곤 했었다.

그러던 어느 날, 아내가 좋아할 것 같은 강의 프로그램이 있어서 참여해 보라고 추천을 해주었는데 뜻밖의 반응을 보였다. 평소 같았으면 고맙다고 하면서 일정부터 살펴봤을 텐데 대뜸 "요즘은 정적인 활동보다는 몸을 움직이는 게 더 좋아졌다."라며 가볍게 거절하는 것이었다. '워낙 배우는 걸 좋아해서 시간만 괜찮으면 늘 흔쾌히 응하던 아내였는데 웬일이지?' 의아했지만 그날은 그대로 지나가고 며칠 뒤, 갑자기 생각이 나서 공부를 더 해보면 어떻겠느냐고 아내에게 제안을 해보았다. 하지만 다시 한번 아내는 신경 써 줘서 고맙지만 이제는 평소에 안 하던 아웃도어 활동에 더 관심이 간다는 예상 밖의 말을 했다.

그 순간 의아함을 넘어 낯설다는 느낌이 들었다. 평생 머리로만 살아온 사람이, 이제는 몸을 움직이며 땀 흘리는 일을 하고 싶다고 말하는 모습이 믿기지 않았다. '혹시 내가 모르는 마음의 변화가 있었던 걸까?' 그런 내 마음을 읽기라도 한 듯, 아내는 자신이 왜 그런 생각하게 되었는지 설명하기 시작했다. 아내의 말인즉슨 어느 순간 가만히 자기 삶을 돌아보니 그 무슨 일을 하든 머리로만 살아왔었다는 걸 깨달았다는 것이다. 이러다가는 평생 자기 몸의 소중함을 한 번도 느껴보지 못하고 삶을 마감하는 게 아닐까? 이대로 내가 가진 체력 한 번 제대로 써보지 못한 채 늙어버리는 게 아닐까? 라는 위기감이 들어서 최근 몸을 움직이는 일에 나서기 시작했고, 뜻밖의 활기가 기분 좋게 느껴져 이제부터라도 몸 쓰는 일에 전적으로 몰두해 보고 싶어졌다는 말이었다. 나는 찬찬히 아내의 이야기를 듣고 충분히 그럴 수 있겠다는 공감이 들었다.

"혼자 제주도 한달살이에 도전해 보고 싶어."

그러더니 어느 날 갑자기 놀랄만한 이야기를 꺼냈다. 아내의 계획은 감귤 농장에서 감귤을 따는 아르바이트를 하는 것이었다. 여행도 하고 일도 하면 일거양득의 효과가 있지 않을까 하는 생각에서였다는 것이다. 처음 그 얘기를 들었을 때는 반신반의했고, 걱정도 됐다. 하지만 내 우려는 기우에 지나지 않았다. 아내는 혼자서 항공권을 예약하고, 농장에 일자리를 알아보고, 머물 게스트 하우스 예약까지 마치고 홀로 제주도로 떠났다. 새벽부터 저녁까지 감귤을 따고 감귤 상자를 나르고 포장하는 힘든 일에 매달리면서 하루 종일 눈코 뜰 새 없이 바쁘게 지냈다고 한다. 평소에 해본 적 없는 고된 일을 하고 난 후 잠자리에 들면 그 자리에서 바로 곯아떨어지는 그 느낌이 너무 좋았다는 것이다. 평소에는 불안감으로 불면증에 많이 시달렸었는데 불면증이 없어졌다는 것만으로도 그 무엇보다 큰 수확이라고 말했다. 귤을 따지 않는 휴일에는 자전거를 빌려 주변을 돌아다니거나, 동네 어른들과 함께 맛있는 음식을 만들어 나눠 먹었다고 한다. 하루하루가 어떻게 지나가는지 모를 만큼 바쁘고 알차게 채워지고, 매일 낯선 곳, 낯선 사람들과의 만남을 행복한 경험으로 채우고, 비록 몸은 고단했지만 마음은 점점 훨훨 나는 깃털처럼 가벼워지는 그 순간이 아내에게는 자신이 살아있음을 실감하는 순간이었노라고 이후에도 종종 아내는 그때를 회상했다.

최근 아내는 두 군데에서 아르바이트를 하고 있다. 하나는 다른 집에 가서 청소를 해주는 일이고, 또 하나는 한복 대여점에서 옷을 정리하고, 한복을 입혀주며 머리를 손질해 주는 일이다. 처음 아내가 가사도우미 일을 해보겠다고 했을 땐 솔직히 놀랐다. 예전 같으면 생각조차 하지 못했던 부분이다. 일에 대한 귀천의 문제가 아니라, 원래 아내는 집안일을 좋아하는 성격도 아니고, 무엇보다 몸을 움직이는 걸 극도로 싫어하는 사람이었기 때문이다. 단지 몸을 움직이는 활동을 하고 싶은 일이라면 운동처럼 활동적이어야 하는 취미생활을 하는 방법도 있었다. 그런데 누가 시키지도 않았는데 굳이 몸을 많이 써야 하는 일을 찾아서 하는 아내가 이해가 잘되지 않았다. 더구나 남의 집을 청소하는 일은 아내의 성격으로 보면 정말 쉽지 않은 선택이었을 것이다. 그런데 전혀 거리낌 없이 오히려 당당하게 자기 일을 즐기고 자랑스러워했다. '내가 모르는 어떤 이유가 있는 거겠지?' 아무리 유심히 살핀다 해도 본인이 아니라면 완전히 알고 느낄 수 없는 부분이 누구에게나 있는 법이다. 그래서 나는 그런 아내의 선택을 볼 때마다 의아함을 완전히 떨쳐버릴 수는 없었지만 아내가 삶에 대한 가치관과 나름대로 신념이 있는 사람이라고 생각했기 때문에 모르는 체하고 그냥 넘어갔다.

'무엇이 인생을, 세상을 바라보는 아내의 관점을 이렇게 바꾼 것일까?'

사람이 극적인 변화를 겪는 데는 결정적인 이유가 있을 것이라고 많은 사람들이 예상하겠지만 아내의 변화는 아주 사소한 불편함에서부터 시작되었을지도 모른다. 어느 날부터 계단 몇 칸을 올랐을 뿐인데 숨이 턱까지 차오르는 것 같고, 예전엔 능숙하게 했던 일인데 점점 몸이 굳어져서 하기 어려워지고 있다는 실감, 아마 내게 말하지 않은 수많은 그런 신호와 순간을 아내는 말로 표현하지 않았던 시간 동안 느끼고 있었는지 모른다. 그리고 어느 순간 '이러다 정말 아무것도 못하게 되는 건 아닐까?' 하는 두려움이 스쳤던 게 아닐까? 그런 생각을 하다 보니 늘 아내를 잘 보고, 잘 알고 있다고 생각했지만 사실 늘 같은 자리에 머물러 있는 아내의 그 두려움은 겉으로 드러나지 않았지만, 내가 모르는 사이에 아내의 시선을 바꾸어 놓고 있었던 것 같다.

이전에는 보이지 않던 것이 보이고, 느껴지지 않던 것이 느껴졌을 때, 삶을 살아가는 방식을 바꿔야 한다는 걸 깨달았을 때, 아내는 놀랍게도 그 변화의 충동을 행동으로 바로 옮겼다. 충분히 생각하고 그 생각을 행동으로 하나씩 옮기는 게 아니라 '움직여야 한다면 지금 바로 한다'는 식으로 행동을 먼저 시작했다. 그리고 그건 아내에게 정말 탁월한 선택이었다. 몸을 먼저 움직이자 감정과 관점이 바뀌고, 삶을 대하는 태도가 달라졌기 때문이다. 많은 사람들은 먼저 이론을, 방법을 충분히 배우고 상상해 본 뒤 행동에 옮긴다. 일단 행동하면 돌이킬 수 없고, 실패할 수도 있다는 두려움이 누구나 있기 때문이다. 하지만 아내는 그 반대로 행동함으로써 남들보다 더 빠른 시간 안에 더 많은 것을 깨달을 수 있었고 이전과 전혀 다른 방식으로 세상을 바라볼 수 있었다. 결국 아무리 많은 이론을 배운다 해도 실행하지 않으면 의미가 없고 실천해야만 깨달음도 얻을 수 있다는 걸 나는 아내를 통해 배웠다.

이처럼 자기 삶의 방식을 바꾼다는 건 용기가 필요하다. 대부분의 사람들은 자기가 알고 있는 지식, 익숙한 방식에서 벗어나는 걸 생존의 위협처럼 느끼고 안전지대 안에서 살아가려 안간힘을 쓴다. 내가 가진 습관이나 삶의 방식이 유일한 방법이 아니니 버리거나 바꾼다고 해서 위기에 처하는 것도 아닌데 익숙해진 방식을 쉽게 버리지 못한다. 그러니 필요 없는 외투임을 알고 바로 과감히 벗어 던질 수 있는 사람이 있다면 그 사람이야말로 진정 용기 있는 사람이라 할 수 있다. 그렇게 용기 있는 사람은 아무리 힘든 일을 겪는다 해도 바로 자신을 일으켜 세우고, 필요한 것을 얻기 위해 과감히 길을 떠나며, 때로 자기의 가치관, 성향 모든 걸 의지로 개혁하듯 바꿀 수 있다. 그런 사람이야말로 진정 성숙의 길로 접어든 사람이라 할 수 있을 것이다.

"길을 아는 것과 그 길을 걷는 건 다르다."

　요즘에도 그때 아내가 보여준 용기 있는 행동은 여러 가지를 떠올리게 한다. "요즘 학자들은 자기 집 앞 청소도 할 줄 모르면서, 입으로는 천리를 논하고 있다."라고 하면서, 늘 깨어 있기 위해 허리에 성성자(惺惺子)라고 하는 방울을 달고 다녔다는 남명 조식 선생의 행동하는 지식인의 모습이 떠오르기도 한다. 혁신이라는 단어도 생각난다. 혁신이란 평생 익숙하던 삶의 패턴을 기꺼이 바꾸는 것이다. 수많은 기업이 혁신을 위해 애쓰지만, 성공하는 경우는 많지 않다. 하물며 한 개인이 자기 삶에서 뼈를 깎는 변화를 시도한다는 것이 얼마나 어려운 일인가. 그리고 얼마나 의미 있는 행동인가. 아내를 보며 문득 걸음을 멈추고 내 삶을 돌아본다. 그리고 질문해 본다. 행동하는 지식인이란 무엇인가. 내 인생에서 혁신은 무엇인가.

노란 깃발, 초록 모자, 그리고 작은 손

주 5일 근무제가 도입되던 해, 어느 금요일이었다. 당시만 해도 새롭게 도입된 주 5일 근무제가 일부 공공기관과 은행에서만 시범적으로 시행되던 터라, 마치 특별한 혜택을 누리는 기분이었다. 이틀 간의 온전한 휴식이 주어진다는 것이 꿈처럼 느껴졌다.

그 무렵 떠오르는 기억이 있다. 주 5일 근무가 시작되기 전, 외국계 회사에 다니던 대학 동기가 토요일마다 가벼운 등산복 차림으로 내가 근무하던 은행 객장에 업무차 들렀다. 여유로운 표정으로 테이크아웃 커피 한 잔을 들고 와서는 눈인사를 건네고, 짧은 대화를 나눈 뒤 '고생해!' 하며 어디론가 유유히 사라지곤 했다. 그 모습이 얼마나 부러웠는지, 얼마나 다른 세상 사람처럼 보였는지 모른다. 그런 삶이 내게는 불가능한 일처럼 여겨졌던 것이다. 그런데 이제 우리 회사도 주 5일 근무를 본격 시행한다는 소식에 가슴이 벅찼다. 토요일을 포함한 긴 주말을 맞을 수 있다니 큰 선물을 받은 기분이었다.

그날 금요일, 다가올 긴 주말에 대한 기대감으로 평소보다 부지런히 업무를 마무리했다. 버스 정류장까지 이어지는 짧은 거리를 걸으며 이번 주말 계획을 세워보았다. 아직 이런 여유가 낯설어서인지, 주말 계획을 세우는 일조차 어색했다. 밀려있던 집안일들을 정리해볼까, 아니면 아이들과 더 많은 시간을 어떻게 보내볼까. 여러 생각들이 머릿속을 오갔다.

저녁 무렵 집에 들어서니 거실 소파 위에 익숙하면서도 새로운 물건들이 단정히 놓여 있었다. 노란 깃발과 녹색 모자였다. 무엇인지 짐작하면서도 일부러 모르는 척 아내에게 물었다.

"이게 뭐야?"

부엌에서 저녁 준비를 하던 아내가 고개를 돌리며 답했다. "내일 시영이 학교 녹색어머니회 당번이야."

아, 그렇구나. 초등학교 2학년인 둘째가 다니는 학교에서 학부모들이 교대로 등하굣길 교통지도를 맡는다는 것은 알고 있었다. 그런데 문득 이번에는 내가 직접 해보면 어떨까 하는 생각이 들었다.

몇 년 전 큰아이가 유치원 다닐 때가 떠올랐다. 5월 1일 근로자의 날이었다. 평소 아이가 유치원에서 어떻게 지내는지, 친구들과는 잘 어울리는지 궁금했다. 오전 10시경, 작은 아이를 유모차에 태우고 아내와 함께 큰아이 유치원으로 향했다. 유치원 옆에는 놀이터가 내려다보이는 조그마한 길이 있었는데, 그곳에서 바라본 큰아이의 모습이 아직도 생생하다. 유치원 놀이터에서 아이가 친구들과 깔깔 웃으며 미끄

럼을 타고, 시소 위에서 번갈아 오르내리며 장난을 친다. 손에 쥔 작은 종을 흔들며 "애들아, 모여라!" 하고 외치는 모습은 어쩌나 진지하고 당찬지, 절로 미소가 지어진다. 그렇게 신나게 뛰어노는 모습을 보는 것만으로도 마음이 흐뭇하고 기분이 좋았다.

그래서 이번에는 둘째 학교에도 가보고 싶었다. 아침에 함께 등교하며 아이를 바래다주고, 친구들과 인사하는 모습을 보고 싶었다. 하지만 직장 생활에 매여 있다 보니 그런 기회를 만들기란 쉽지 않았다. 별도로 휴가를 내지 않는 한 말이다. 그런데 주 5일 근무제로 토요일이 온전히 주어지자, 이 기회를 놓치고 싶지 않았다. 아내에게 조심스럽게 말을 꺼냈다.

"내일 녹색어머니회, 내가 대신 가면 안 될까?"

아내는 의외라는 듯 눈을 크게 뜨더니 바로 대답했다.

"정말? 당신이 가줄 수 있어? 그럼 나야 고맙지."

대단한 일도 아니었는데 괜히 마음이 뿌듯해졌다. 아빠로서 아이 학교에서 무언가를 해보는 것은 처음이었다. 녹색 모자를 쓰고 노란 깃발을 든 채 아이들을 안내하는 모습을 상상하는 것만으로도 가슴이 설렌다.

토요일 아침이 밝았다. 평소 같으면 늦잠을 자며 여유를 만끽했을 텐데, 그날은 알람보다 일찍 잠이 깼다. 거실로 나와 소파 위 깃발을 다시 한번 펼쳐보았다. 모자도 몇 번 써보았지만 어딘가 어색했다. 결국 모자는 가져가기만 하고 깃발만 들고 나서기로 했다.

아침 공기가 상쾌했다. 가벼운 여행을 떠나는 기분이 들었다. 집에서 멀지 않은 학교까지 걸어가는 내내 발걸음이 가벼우면서도 또 한편으로는 긴장되었다.

학교에 도착하니 이미 여러 학부모들이 삼삼오오 모여 담소를 나누고 있었다. 조심스럽게 다가가 인사를 건넸다. 책임자로 보이는 약간 덩치가 큰 학부모 한 분이 '아빠가 왜 여기에?' 하는 듯한 표정으로 나를 바라보았다. 하지만 금세 상황을 파악하고 내가 설 자리를 배정해주었다. 가장 사람들이 많이 오가는 후문 바로 앞이었다. 지정된 자리에 서서 주위를 둘러보니 모두 어머니들뿐이었고, 나만 유일한 아빠였다. 괜히 어색해서 깃발을 자꾸 만지작거렸다.

등교 시간이 다가오자, 아이들이 하나둘 학교로 들어오기 시작했다. 처음에는 열심히 교통정리에 임했다. 그런데 시간이 지나면서 아이들의 시선이 내게 머무는 것이 느껴졌다. 어떤 아이는 미소를 지으며 지나가기도 했고, 어떤 아이는 호기심 어린 눈길로 나를 바라보았다. 교직원들도 지나가며 힐끔거렸다.

얼굴이 달아오르기 시작했다. 내가 괜한 일을 하고 있는 건 아닐까? 하는 생각이 들면서 몸이 굳어지고 이마에 땀이 맺혔다. 그럴 이유가 없는데도 주변 시선이 신경 쓰이며 부담스러워졌다. 시간이 멈춘 듯 길게 느껴졌다. 하지만 애써 마음을 다잡으며 끝까지 주어진 역할에 집중했다.

등교가 거의 마무리될 무렵, 교문 앞이 잠시 고요해졌다. 그 순간 어디선가 맑고 힘찬 목소리가 등 뒤에서 들려왔다.

"아빠~~~!"

고개를 들어보니 저 멀리 2층 교실 창문이 활짝 열려 있었고, 그 창가에 시영이가 얼굴을 내밀고 두 손을 힘껏 흔들며 소리치고 있었던 것이다. 그 모습을 보는 순간 너무나 뜻밖이라 당황스러우면서도 가슴이 벅차올랐다. 나도 웃으며 손을 흔들며 화답한다. 그러자 옆 창문에서도, 옆 교실에서도 아이들이 하나둘 고개를 내밀기 시작했다. 곧 학교 창가에는 아이들이 줄지어 서서 밖을 바라보며 손을 흔들기 시작했다. 함께 근무하던 어머니들도 아이들을 향해 일제히 손을 흔들어주었다.

그 순간 교문 앞은 무슨 축제가 열린 것 같았다. 오래된 영화의 한 장면처럼 따뜻하고 훈훈한 분위기가 조성되었다. 어느새 그 자리에 있던 모든 사람들이 하나의 오케스트라를 연주하는 것 같았다. 그 풍경도 풍경이지만, 무엇보다 기분이 좋았던 이유는 아이가 아빠를 부끄러워하지 않는다는 안도감 때문이었다.

내 초등학교 시절이 문득 떠올랐다. 그때는 부모님이 무슨 일로 학교에 오신다고 하면 괜히 마음이 불편해져 "오지 마, 왜 와?" 하고 투정을 부리곤 했다. 우리 집이 다른 집보다 특별히 가난했거나 못난 부모님들도 아니었는데 그런 상황이 어색하고 부끄러웠다. 아니, 다시 말하면 부모님을 자랑스럽게 여기지 않았던 것 같다. 그런데 시영이는 적어도 그런 마음이 없구나 싶어 괜히 뭉클했다.

그날 저녁 식탁에서 시영이에게 물었다. "오늘 아침에 어떻게 그런 생각을 했어?"

아이는 아무렇지 않게 쿨하게 대답했다. "응… 아빠 힘들까 봐 응원해주고 싶어서…."

그 순간 '격려의 힘'이란 것이 이런 것이구나 하고 깨달음이 일어났다. 격려란 반드시 크고 거창한 것이어야만 하는 게 아니라는 것, 그리고 나이도 지위도 남녀노소도 따로 없다는 것을 알았다. 그저 진심이면 충분하다는 것을, 그리고 그 진심이 사람을 한껏 살아나게 한다는 것을 깨닫게 되었다.

아직도 가끔 출근길에 학교 앞을 지나치다 보면 노란 조끼와 깃발을 든 부모님들이나 연세 드신 할머니들이 아이들의 안전한 등굣길을 지키는 모습을 본다. 그때마다 문득 그날 아침이 떠오르고, 입가에 저절로 미소가 번진다.

오늘도 어딘가에서 누군가는 누군가를 격려하고, 또 누군가는 누군가에게 격려를 받고 있을 것이다. 그리고 그 작은 격려가 누군가의 삶을 좀 더 의미 있고 소중하게 해주고 있을지도 모른다.

목화 한 송이

몇 해 전, 은행 VIP 라운지 팀장으로 근무할 때의 일이다. 매일 아침 문이 열리기도 전에 가장 먼저 찾아오시는 고객이 계셨다. 팔순 가까운 연세에 누가 봐도 엘리트라 할 만한 이력을 가진 분이었는데, 유난히 길고 흰 눈썹이 인상적이었다.

"어이, 이 팀장. 나 왔어."

언제나 같은 인사로 하루를 시작하시는 회장님. 나는 그분이 편했고, 그분도 나를 편하게 여기시는 것 같았다. 마치 이웃집 할아버지처럼 자연스럽게 다가오는 분이었다.

VIP 라운지 소파에 앉아 따뜻한 차를 드시며 들려주시는 이야기들은 언제나 흥미로웠다. 자랑이나 과시가 아닌, 세상을 살아가며 겪은 소소한 일들과 삶에 대한 깊은 생각들을 담담하게 나누어 주셨다. 직원들 모두가 그분을 좋아했다. 요즘 말로 '훈남'이라는 표현이 딱 어울릴 만큼 누구에게나 따뜻한 분이셨다.

나는 평소 고객들의 이야기 듣기를 좋아했다. 각자의 분야에서 성공한 분들의 경험담은 책 한 권보다 생생하고 재미있었다. 그분들과 깊이 있는 대화를 나누기 위해 나 역시 더 많은 책을 읽고 관심 분야를 넓혀갔다. 재테크 상담만큼이나 진심으로 들어주고 공감해주는 것이 중요한 일이라는 걸 알았기에, 그 순간들이 직장인으로서의 자부심을 느끼게 해주었다.

그런 어느 날, 대화 중 문득 텃밭 이야기가 나왔다. 회장님은 은퇴 후 그 무엇보다 텃밭 가꾸는 재미에 빠져 있다고 하셨다.

"역시 사람은 흙냄새를 맡으며 살아야 하는 거야."

얼굴에 환한 웃음을 지으시는 모습을 보니, 나도 오래전부터 마음에 두고 있던 텃밭 이야기를 꺼내게 되었다. 아이들에게도 좋은 경험이 될 것 같아 가족과 함께 작은 텃밭을 가꿔보고 싶다고 말씀드렸다. 그러자 회장님은 기다렸다는 듯 무릎을 '탁' 치며 활짝 웃으셨다.

"그래, 잘 생각했어! 내일 귀한 걸 하나 가져올 테니 텃밭을 시작하면 꼭 심어봐. 분명 마음에 들 거야."

다음 날 아침, 평소처럼 일찍 오신 회장님은 차를 한 모금 드시고는 호주머니에서 편지봉투 하나를 꺼내 건네주셨다. 조심스럽게 열어보니 잘 말린 작은 검은 알갱이들이 하얀 솜털과 섞여 들어있었다. 고개를 갸웃하는 나를 보며 회장님은 짧게 웃으시며 말씀하셨다.

"귀한 거여. 이거 뭔 줄 알아? 목화씨야, 목화씨."

목화? 순간 오래전 잊고 살던 기억이 떠올랐다. 어릴 적 시골 할머니 댁에서 목화 다래를 따 먹던 그때가 생각난 것이다. 햇볕에 하얗게 부풀어 오르던 꽃송이와 입안에 퍼지던 덜큼하고 쌉싸름한 맛의 기억이 서서히 되살아났다. 그리고 할머니에 대한 그리운 기억들도 함께.

"아, 감사합니다. 회장님. 꼭 심어보겠습니다."

하지만 바쁜 일상에서 그런 기억도 점점 잊혀갔다. 목화씨는 어느새 내 책상 서랍 어딘가에 놓여 오랫동안 잠들어 있었다.

2~3년쯤 흘렀을까. 텃밭 만들기를 미루다가 드디어 주민센터를 통해 텃밭 분양을 받게 되었다. 그 순간 잊고 있던 봉투가 번개처럼 떠올랐다. 서랍을 뒤지고 또 뒤져, 구겨진 편지봉투를 찾아냈다. 아내에게는 목화씨 이야기를 하지 않고 혹시나 하는 마음으로 챙겨갔다. 상추, 고추, 가지, 방울토마토 등을 심고 난 남은 자리에 조심스럽게 목화씨를 묻었다.

"그거 뭐예요."

다가온 아내가 물었다.

"응, 목화씨야. 고객님이 주신 건데 혹시나 해서."

"요즘도 목화씨가 있나 보네요."

"2~3년 된 씨앗이라 싹이 날지 모르겠네…"

그런데 얼마 후, 믿기 어려운 일이 일어났다. 거짓말처럼 연한 싹이 올라온 것이다. 그 순간부터 나의 모든 관심은 목화 싹에 쏠렸다. 어떤 날은 평소보다 일찍 일어나 출근 전에 텃밭에 들러 밤사이 얼마나 자랐는지 살펴보곤 했다.

아내에게는 상추나 고추를 따러 간다고 했지만, 사실은 목화가 더 궁금했다. 매일 조금씩 자라는 모습이 신기하고 기특했다. 한 달 남짓 지나자 무럭무럭 자라던 목화가 드디어 작은 꽃망울을 틔우기 시작했다. 연노랑 꽃이 피어났는데, 그때까지 나는 목화에 꽃이 핀다는 것도 몰랐다. 어릴 적 기억에는 다래와 하얀 솜뿐이었으니까.

꽃은 접시꽃처럼 곱고 소담스러웠지만 2~3일 지나자 금세 시들어 떨어졌다. 이윽고 익숙한 다래가 맺히더니 서서히 하얀 솜이 모습을 드러내기 시작했다.

"아, 이게 정말 목화구나."

같은 텃밭의 이웃들도 모두 신기해했다. 대부분 채소만 기르고 있었기에 목화는 유독 눈에 띄었다.

"이거 목화 아니에요? 내년에 씨앗 좀 나눠주실 수 있나요."

"물론이죠."

특히 연세 지긋한 분들은 목화를 유심히 바라보며 예전 이야기를 꺼내곤 했다. 어릴 적 어머니가 목화를 따서 솜을 빼내던 모습, 목화밭에서 뛰어놀던 추억들…. 그저 목화 한 송이로도 이렇게 따뜻한 이야기가 오갈 수 있다는 게 신기했다.

시간이 흘러 업무가 바뀌면서 여의도 본점으로 발령받았다. 일상은 더 분주해졌고, 목화에 대한 기억도 회장님에 대한 기억도 조금씩 희미해져 갔다. 은행 업무 특성상 직원이 지점을 옮기면 고객과의 연락은 자연스럽게 끊어진다. 후임자가 업무를 이어받기 때문이다.

그런데 어느 날, 문득 그분이 떠올랐다. 업무 중에 별다른 이유 없이 회장님 소식이 궁금해진 것이다. 일을 멈추고 예전 지점 VIP 팀장에게 전화를 걸었다.

"몇 년 전에 근무할 때 잘 알고 지내던 고객님 소식이 궁금해서 연락드렸습니다."

"아… 혹시 회장님 말씀하시는 거죠."

"네, 맞아요. 요즘도 자주 오세요."

"오늘 아침에 사모님이 다녀가셨어요. 얼마 전에 돌아가셨다고…. 그래서 예금 정리하러 오셨다고…."

그 순간, 머릿속이 잠시 멍해졌다.

"아… 그렇군요."

그 말 외에는 아무것도 할 수 없었다.

그날 집에 돌아와 컴퓨터를 켰다. 오래된 사진 폴더를 열어보니 몇 장의 사진이 있었다. 텃밭의 하얀 목화 몇 송이가 눈에 들어온다. 순간 가슴이 뭉클했다. 그 새하얀 목화가 어쩐지 회장님의 길고 흰 눈썹을 닮아 있었기 때문이다.

이제야 알 것 같았다. 그분이 내게 건네주신 것은 단순한 씨앗이 아니었다. 은행 직원과 고객이라는 공적인 관계를 넘어서, 한 사람이 다른 사람에게 건네는 진심 어린 마음과 믿음이었다. 따뜻한 마음을 씨앗에 담아 전해주신 것이었다.

그리고 나는 정성껏 챙겨주신 그 씨앗을 방치하지 않고 땅에 뿌리고 꽃을 피우고 새로운 싹을 틔웠다는 것이다. 그 씨앗으로 인해 이렇게 그분을 추억할 수 있다는 것이다. 아무리 바쁘게 살았다 해도, 한 번쯤은 안부를 여쭐 수 있었을 텐데. 하는 생각이 계속 마음을 무겁게 한다. 그분은 분명 예전처럼 변함없는 미소로 나를 반갑게 맞아주셨을 것이다.

창밖으로 첫눈이 내리고 있었다. 하얀 눈송이들이 조용히 땅에 내려앉는 모습을 보면서 생각해 본다. 봄에 뿌려진 씨앗이 여름 내내 자라 꽃을 피우고, 겨울을 나서 다시 봄이 되면 새로운 생명을 틈 틔우는 것처럼, 모든 것에는 때가 있다는 것을.

사람과의 인연도 그런 것인가 보다. 시간이 흘러도, 물리적인 거리가 멀어져도, 한 번 마음에 뿌리를 내린 정은 쉽게 사라지지 않는다. 목화씨처럼 작은 씨앗도, 때가 되면 하얀 솜을 피워내는 것처럼 말이다.

나는 결심했다. 책상 어딘가에 남아 있을 그 씨앗을 찾아서 내년 봄에 다시 심어보기로. 그 꽃이 다시 피어날 때쯤이면, 이 이야기를 읽는 누군가의 마음에도 작은 씨앗 하나쯤 심어지지 않을까. 그리고 언젠가 그 씨앗도 꽃이 되어 다른 누군가에게 전해질지도 모른다.

어쩌면 우리는 모두 누군가에게 받은 작은 씨앗을 품고 살아가는 건지도 모른다. 그리고 때가 되면 그 씨앗을 다시 누군가에게 건네주며 삶을 이어가는 것인지도. 하얀 목화꽃이 바람에 살며시 흔들리는 모습을 떠올리며, 나는 조용히 다짐했다.

내년 봄, 다시 그 씨앗을 심고, 그 작은 기적이 피어나는 순간을 꼭 함께하겠다고.

나를 떨어뜨린 말(馬) 위에 다시 올라타라

직장 생활이란 것은 참 묘하다. 어느 날 갑자기 평범했던 일상에 작은 변화가 생기고, 그 틈새로 예상치 못한 일들이 찾아온다. 그런 순간이 찾아온 것은 VIP 라운지 팀장으로 업무를 시작하던 순간이었다.

집과 직장을 오가는 단조로운 일상에서 뚜렷한 목표 없이 지내던 평범한 직장인이었다. 다른 삶을 살아야 한다는 생각은 들지만 구체적인 방법을 모르겠다. 목적의식과 정체성이 없는 채로 하루하루를 보내는 자신을 보며, 이런 삶이 계속되면 미래가 어떻게 될지 불안했다. 하지만 무엇부터 시작해야 할지 몰라 막막한 시간만 흘러가고 있었다.

VIP 라운지를 맡게 되면서 상황이 달라졌다. 이곳은 사회적 지위와 경제적 여유를 갖춘 고객들이 주로 찾는 곳이었다. 상담을 하다 보니, 그분들과 의미 있는 대화를 이어가려면 내 수준도 함께 높아져야 한다는 것을 깨닫기 시작했던 것이다.

이제 더 이상 물러설 곳이 없었다. 자연스럽게 "이제는 뭔가 바뀌어야 할 시점이다. 나에게도 변화가 필요한 시점이다. 그렇다면 그 시작은 무엇인가? 무엇부터 시작해야 하는가? 일단 생각나는 것이 없으니 책 읽는 것부터 시작을 해보자." 정말 책을 읽어야겠다는 절실한 마음이 생겼다.

그때부터 재무 관리, 인간관계, 마케팅, 인문학 등 분야를 가리지 않고 다양한 책을 읽기 시작했다. 사람마다 추구하는 가치나 성향, 성공에 대한 기준이 제각각이라 단정 지어 말하기는 어렵지만, 적어도 나에게 책은 사람이 이렇게까지 달라질 수 있다는 걸 스스로 느끼게 해주는 경험이었다.

놀라운 일이 벌어졌다. 어느 순간 고객과 대화하는 일이 점점 즐거워졌다. 사람들의 이야기를 듣고 함께 고민하며 답을 찾아가는 과정이 재미있었다. 직장 생활을 시작하고 처음으로, 아침에 출근하는 것이 설레기 시작했다. 마치 작은 1인 기업을 운영하는 1인 기업가라도 된 것 같은 기분이었다. 스스로 우리만의 색깔 있는 멋진 VIP 라운지를 만들어보자는 새로운 목표도 생겼다.

일이 즐거워지니 성과도 자연스럽게 좋아졌다. 실적 우수 직원으로 여러 번 선정되며 이름이 알려지기 시작했다. 다른 지점 팀장들에게 사례 발표를 요청받아 본부 회의실에서 발표할 기회도 얻었다. 이런 경험들이 자신감을 키워주었고, 더 성장하고 싶은 마음에 책을 더 많이 읽고 자기계발에도 힘을 쏟게 되었다.

과거에는 존재감 없이 그저 시간만 보내던 내가, 점점 달라지고 있었다. 생활에서도 자신감이 생겼고, 작은 일에도 열정을 느꼈다.

어느 날 갑자기 본점에서 영업점 직원들을 대상으로 하는 컨설팅 프로그램 진행자로 도전해보지 않겠냐는 제안이 들어왔다. 남 앞에 서는 것이 너무 낯설고 두려워서 망설였다. 그래도 한편으로는 해보고 싶다는 마음도 컸다. 새로운 업무에 대한 호기심과 다양한 경험에 대한 욕심이 있었기 때문이다.

고민 끝에 지원하기로 결정했고, 다행히 선발되었다. 그 순간부터 내 인생은 전혀 다른 방향으로 흐르기 시작했다. 그전까지 익숙했던 직장인 특유의 수동적인 업무 방식에서 벗어나, 이제는 전체적인 프로그램 틀 안에서 강의의 스타일부터 진행 방식까지 누구의 지시도 없이 스스로 기획하고 실행해야 했다. 모든 결정과 그에 따른 책임이 온전히 내 몫이었다. 말 그대로 '직장인'에서 '직업인'으로 전환되는 순간이었다.

입행해서 창구에서 은행 고유 업무인 텔러 업무 한 가지만 해오던 내가 전혀 새로운 업무를 시작하게 된 것이다. 전국에 있는 은행 영업점에 4주짜리 성과 향상 프로그램을 진행하는 역할이었다. 한 지점에 파견 근무를 나가 프로그램이 진행되는 4주 동안 해당 지점 직원들과 함께 생활하면서 그들이 더 나은 성과를 올리고 목표를 달성할 수 있도록 돕는 것이다. 매일 아침저녁으로 프로그램을 진행하고 업무 중에는 직원들과 함께 영업활동도 하는 역할이었다.

여러 사람 앞에서 말을 해본 적도 별로 없었고, 사투리 억양에 발음도 정확하지 않아 전달력이 부족한 점이 콤플렉스였던 나로서는 상상하기 힘든 일이었다. 무대공포증이 심해 강의는커녕 발표조차 해본 적이 없었다.

새로운 것에 대한 두려움은 생각보다 훨씬 컸다. 처음 시도하는 일에 대한 불안감은 쉽게 설명하기 어려울 정도였다. 그러나 다른 선택지가 없지 않은가. 결국 스스로 노력해서 해결할 수밖에 없었다.

주말마다 좋은 강의가 있다고 하면 찾아가서 듣고 배웠으며, 말하기 연습도 꾸준히 했다. 하루 종일 그 일만 생각했고 그 일만 했다. 아침에 일어나는 순간부터 밤에 잠들 때까지 머릿속은 온통 그것으로 가득했다. 마치 국가대표 선수가 합숙훈련을 하는 것처럼 혹독한 훈련이 이어졌다. 사람의 적응력은 예상보다 뛰어났다. 시간이 지나면서 점차 익숙해지고 있었다. 실수도 많았지만, 조금씩 안정감을 찾아가고 있었다.

그 과정에서 예상치 못한 일이 일어났다. 내 안에 숨어있던 가능성을 발견하게 된 것이다. 강의하는 일이 생각보다 즐겁고 흥미로웠고 가슴 뛰는 일이라는 것을 알게 된 것이다. 이것은 완전히 새로운 발견이었다.

몰입해서 강의하는 그 순간에는, 이대로 시간이 멈춰도 좋겠다는 기분이 들 때도 있었다. 뜻대로 되지 않는 날조차 "이것도 내가 성장하기 위한 과정"이라고 생각하고 다시 자리를 박차고 일어설 수 있는 동력이 되기도 했다. 드디어 내가 좋아하는 것이 무엇인지 알게 되는 의미 있는 순간이었다.

사람은 두 번 태어난다고 한다. 한 번은 존재하기 위해서, 또 한 번은 자신의 사명을 찾기 위해서다.

뜻밖의 기회가 1년도 채 되지 않아 찾아왔다. 본점 영업그룹의 대규모 행사에서 2부 진행을 맡아달라는 제안이었다. 부행장을 포함한 임원들과 180여 명의 직원들이 참석하는 중요한 행사였다.

나는 주저 없이 "해보겠습니다"라고 대답했다. 직장 생활을 하면서 터득한 좋은 습관 중 하나가 "제가 한번 해보겠습니다!"라고 말하는 것이었기 때문이다.

하지만 막상 한 달간 준비에 들어가자 쉽지 않겠다는 생각이 들기 시작했다. 아무런 경험도 없는 내가 공식적인 자리에서 진행을 맡는다는 것이 얼마나 무모한 일인가. 게다가 공식적인 1부 사회가 아니라, 분위기가 중요한 2부 행사의 사회자는 아무나 할 수 있는 역할이 아니었다. 전문 MC를 외부에서 섭외해 맡기는 편이 현실적이지 않겠느냐고 행사 총괄 책임자에게 이야기하고 싶었지만, 이미 맡겠다고 약속한 상황이라 달리 방법이 없었다.

결국 죽기 아니면 살기로 준비에 매진하는 것 외에는 달리 방법이 없었다. 각종 진행 자료를 수집하고 참고해서 구성을 짜보며 혼자 연습하기 시작했다. 용기를 내어 경험 많은 현역 전문 MC를 찾아가 코칭을 받아보기도 했다. 멘트와 게임 진행법을 배운 그 이후부터는 미친 듯이 연습했다. 걸을 때도, 식사할 때도, 잠들기 전에도 계속 중얼거리며 리허설을 반복했다.

일주일 정도 남았을 무렵에는 전체적인 그림이 어느 정도 그려지면서 서서히 자신감도 생겼다. 평소 보여주지 못했던 색다른 나의 모습을 동료들에게 선보일 좋은 기회라고 생각하니 오히려 기대감이 커지기도 했다. 회사에서 상사나 윗사람들에게 주목받는 것은 여러 면에서 도움이 되었다. 특히 큰 행사에서 사회를 맡는 일은 아무에게나 주어지지 않는 기회라, 진행만 잘해도 얻을 수 있는 이점이 많았다.

드디어 행사 당일이 왔다. 겉으로는 태연하게, 마치 전문 MC처럼 여유로운 모습을 보였다. 1부 공식 행사가 끝나고 리셉션 홀로 이동해 식사와 담소가 이어졌다. 분위기가 무르익어갈 무렵, 총괄 책임자가 2부 행사에 대해 간단하게 소개하고, 2부 사회자인 나를 소개했다. 드디어 내 차례였다.

당당히 무대 앞으로 나아가 마이크를 건네받았다. 마이크를 잡고 무대에 올라서는 순간부터 심장이 빠르게 뛰기 시작했다. 크게 심호흡을 한 뒤 준비해 간 순서대로 첫 멘트를 자신 있게 날렸다. "안녕하세요! 앞서가는 영업그룹! 2부 행사를 시작하겠습니다!" 큰 목소리로 외쳤지만, 아직 술잔을 채우고 있는 사람들, 동료와 대화에 몰두한 사람들의 웅성거림으로 내 목소리는 묻혀 버린다.

"첫 번째 순서는…" 하고 말을 이어가려는데, 앞쪽 테이블에서는 자기들끼리 웃으며 큰 소리로 이야기를 나누고, 뒤쪽에서는 음식을 나르는 소리가 계속 들렸다. 진행자가 말하고 있는데도 참가자들은 각자

할 일을 하고 있었다.

목소리를 더 크게 높여봤지만 마이크가 삐걱거리는 소리만 났다. 손에는 어느새 땀이 가득했다. 준비해 둔 멘트를 하나씩 꺼내봤지만 반응은 시원찮았다. 몇 명만 건성으로 손뼉을 쳤고, 대부분은 여전히 자신들의 대화에 몰두하고 있었다.

"그럼, 이제 본격적으로 게임을 해보겠습니다!" 연습 때 가장 자신 있던 부분이었는데, 막상 게임 참여자를 모집하려니 아무도 나서지 않았다. 어색한 침묵이 길게 이어졌고, 내 목소리만 허공에 맴돌았다.

어수선한 분위기가 계속된다. 앞에서 마이크를 잡고 진행만 하면 다 잘 따라와 줄 것으로 생각했다. 그런데 분위기는 완전히 다른 방향으로 흘러가고 있었다.

이미 한 번 무너진 분위기가 수습되기는 사실상 어려워 보였다. 본능적으로 '끝났다!'는 생각이 들었다. 말 그대로 참패였다. 한순간에 나의 자존심은 나락으로 떨어지고 말았다. 평생직장이라고 생각한 곳에서 벌어진 일이라 그 충격은 훨씬 더 컸는지도 모른다.

결국 2부 행사는 거기서 흐지부지 끝나고 말았고, 그 결과에 대한 책임감과 부담감은 오로지 나 혼자의 몫이었고, 말로 표현하기 어려울 지경이었다. 무엇보다도 앞으로 정상적인 직장 생활이 가능할지에 대한 우려가 컸다. 동료 직원들 그리고 선후배 직원들의 얼굴을 앞으로 어떻게 정면으로 볼 수 있겠는가?

어떻게 무대에서 내려왔는지 기억조차 나지 않는다. 마치 몽유병

환자처럼 비틀거리며 걸었는지, 아니면 누군가의 부축을 받았는지도 모르겠다.

정신을 차려보니 리셉션 홀 바깥 잔디밭에 혼자 앉아 있었다. 차가운 잔디가 바지를 통해 전해지는 감촉도 무뎌져 있었고, 넋이 나간 사람처럼 초점 없이 하늘만 멍하니 바라보고 있을 뿐이었다. 머릿속은 하얗게 비어 있었고, 가슴은 무너져 내리는 것 같았다. 홀 안에서는 여전히 사람들의 웃음소리와 대화 소리가 희미하게 들려왔다. 마치 다른 세상의 일처럼 멀게 느껴졌다. 바로 몇 분 전까지만 해도 그 안에서 망신을 당하고 있었다는 사실이 믿기지 않았다. 차라리 한여름 밤의 꿈이었으면 하는 마음뿐이었다.

주위는 점점 어두워지고 있었지만 움직일 힘도 없었다. 바람이 불어와 나뭇잎이 바스락거리는 소리만 들렸다. 얼굴은 화끈거렸고, 등줄기로는 식은땀이 흘러내렸다. 쥐구멍에 들어가고 싶다는 말이 바로 이런 기분이구나 싶었다. 땅속 깊이 숨어버리고 싶었다. 내일 어떤 얼굴로 사람들을 만나야 할지 상상만 해도 끔찍했다. 세상 모든 것이 적으로 보였다.

사실 세상일이 그렇게 호락호락한 곳은 절대 아니다. 이제 막 걸음마를 배운 아이가 뛰려고 덤빈 것이니 당연한 결과였을지도 모른다. 세상에 기적도 없고 공짜도 없다. 모든 일에는 순서가 있고 절차가 있는 법이다. 어느새 주변은 조용해지고 가로등만이 희미한 빛을 내고 있었다. 이름 모를 풀벌레 소리는 내 마음을 아는 듯 모르는 듯, 점점 더 또렷하게 울려 퍼지고 있었다.

그런데 그때 한 문장이 별똥별처럼 뇌리를 스쳤다. "나를 떨어뜨린 그 말 위에 다시 올라타라"는 말이 떠올랐다. 여기서 물러서면 더 이상 설 자리가 없을 것 같았다. 오히려 이것이 더 성장하기 위한 절호의 기회일 수도 있다는 생각이 들었다. 대나무가 성장하기 위해 마디를 만들고, 개구리가 멀리 뛰기 위해 움츠리는 것처럼, 지금이 바로 그런 순간인지도 모른다는 생각이 스쳤다.

조금 성장시키려면 작은 실패를, 크게 성장시키려면 큰 실패를 준다는 말이 딱 맞았다. 이 세상에 공짜가 어디 있겠는가? 이렇게 생각하니 모든 것이 오히려 고맙게 느껴졌다. 중요한 것은 '시도했다'는 것 자체였다. 결과는 그다음 문제다. 200명 가까운 사람들 앞에서 말문이 막혀 얼어버리는 경험을 해본 사람이 과연 몇 명이나 될까?

누군가는 대중 앞에서 연설하는 것은 죽음보다 더한 공포라고 한다. 그런데 이건 단순한 연설이 아니라 청중과 호흡을 맞춰야 하는 고도의 스킬과 풍부한 경험이 필요한 일이었다. 한 번도 그런 경험이 없던 사람이 며칠 연습만으로 해내려 했으니, 좋은 결과를 기대한 건 어쩌면 너무 안이한 생각이었다. 돈 주고도 살 수 없는 귀중한 경험을 한 것이다. 예전 같았으면 절망감에 사로잡혀 오랫동안 좌절했을 것이다. 놀라운 회복력을 보이는 자신을 발견하고 깜짝 놀랐다. 갈 데까지 가본 사람의 당당함이랄까? 그 일을 계기로 다시 배우고 훈련하기 시작했다. 남 앞에 설 기회가 있으면 자진해서 나섰고, 어떤 행사

든 맨 앞자리에서 배우고 시도했다.

경북대 김두식 교수의 "지랄 총량의 법칙"이 떠올랐다. 무대 앞에서 떨림의 양은 정해져 있다. 기회를 만들면 만들수록, 남 앞에 서면 설수록 떨림의 양이 줄어든다는 것은 당연한 이야기다.

그 일을 계기로 내 안에 하나의 확신이 생겼다. 세상에 못하는 일이란 애초에 정해져 있는 게 아니라, 그저 아직 해보지 않았기 때문이라는 깨달음이었다. 물론 세계 최고가 되려면 타고난 재능이 필요할 수도 있지만, 일정 수준까지는 누구나 도달할 수 있다. 그 차이를 만드는 건 결국 얼마나 많이 경험하고 시도해봤느냐는 것이다.

생각해보면 대중 앞에서 MC를 맡아본 적도 없이 처음부터 잘하길 바란 건 어쩌면 욕심이었다. 그렇다면 이제부터라도 연습하고, 더 많은 기회를 만들어가면 되는 일이다. 그렇게 마음을 바꾸자 두려움도 사라졌다. 내가 못 하는 것이 아니라, 단지 그럴 기회가 부족했을 뿐이라는 걸 깨닫고 나니 위축될 이유도 없었다.

결국 다음 해 같은 행사에서 1부 사회자로 다시 우뚝 설 수 있었다. 마치 나를 떨어뜨린 말에서 다시 일어나 당당히 올라탄 기분이었다. 내 인생 최고의 순간으로 기억된다. 무슨 일이든 직접 부딪쳐보고 경험해 보는 것이 얼마나 중요한지 알게 된 멋진 경험이었다. 니체의 말처럼 "나를 쓰러뜨리지 못한 것이 나를 더욱 단단하게 만든다"는 것을 몸소 체험한 셈이다.

평범한 직장인들은 대부분 자신만의 안전지대를 만들어 놓고 그 안에서 살아간다. 마치 보호받는 온실 속 식물처럼, 정해진 환경에서 주어진 역할만 충실히 하며 현상 유지에 만족하는 모습을 보인다.

돌이켜보면 과거의 쓰라린 실패들이 오히려 나를 성장시킨 가장 값진 경험이었다. 그때는 견디기 힘들고 부끄러웠던 순간들이 지금은 돈으로도 바꿀 수 없는 소중한 자산이 되었고, 흔들리지 않는 자신감의 뿌리가 되었다. 성공했던 기억들보다 더 선명하게 남아있고, 더 깊은 의미를 갖게 된 것이다.

사람들은 본능적으로 불확실함을 피하려 한다. 두려움이 앞서기 때문이다. 하지만 이미 익숙해진 일들만 반복하고, 할 수 있는 것들만 골라서 한다면 성장은 멈춘다. 정해진 틀 안에서만 움직이는 것은 특별할 것도 없는 평범한 선택이다. 이상과 현실 사이의 거리가 멀게 느껴질 때, 대부분은 시작도 하지 않는다. 그런데 바로 그런 막막한 상황에서 용기를 내어 도전할 때 진정한 성장이 시작된다. 만약 그런 극한의 상황을 겪지 않았다면, 아마 적당한 수준에서 만족했을 것이다. 하지만 그 힘든 경험이 나를 한 차원 높은 곳으로 끌어올렸고, 결국 퇴직 후 꿈꿔왔던 겸임교수의 자리까지 오를 수 있게 해주었다.

인생에서는 작은 차이 하나가 전혀 다른 결과를 만들어낸다. 그 순간을 어떻게 받아들이고 어떤 선택을 하느냐에 따라 삶의 방향이 완전히 달라질 수 있다. 그래서 기회가 눈앞에 나타났을 때는 주저하지 말고 과감히 뛰어드는 것이 중요하다.

하고 싶은 일이 있다는 것만으로도 이미 충분히 의미 있다. 그런 바람과 목표가 있다는 것 자체가 삶을 앞으로 나아가게 하는 강력한 원동력이 되기 때문이다.

　넘어진 그 자리에서 다시 일어서서, 나를 떨어뜨린 바로 그 말 위에 다시 올라타라!

2장

우리는 인생에서 무엇을 남길 것인가

임
동
건

1941년 충남 보령에서 출생

성균관대학교 유학대학 대학원

서예한문학원 10년 운영(분당)

성남 중원종합복지관 한문서예 5년 출강

한국서가협회 회원

한국문인협회 회원

다만 오늘이 있기까지 내게 생명을 주신

'나의 하느님'께 오로지 감사드리며

사랑하는 내 가족들과 기쁨을 같이하고

이 자서전을 통해 부끄러운

내 삶의 편린(片鱗)을 밝히고자 했다.

떠난 열차는 아름답다

　사람은 그리워야 사람이다. 세상에서 가장 아름다운 고통은 그리움이라 했던가? 평생 삶에 매달려 앞만 보고 살아온 사람의 내면에는 그리움이 싸이게 마련이다. 치열했던 삶을 돌아보며 사라진 것에 대한 그리움은 단순히 과거로의 회귀(回歸)만이 아니다.

　그리움이란 그때 그곳의 나, 그것에 대한 존재의 순수한 고백, 그것을 되찾으려는 노력은 디지털시대에서도 아날로그적인 낭만을 찾고자 하는 나의 소망일 것이다. 단순한 옛것에 대한 그리움이라기보다는 과거와 현재의 만남을 통해 미래의 삶을 윤택하게 하려는 정신과도 통한다.

　누구에게나 과거는 소중한 것이다. 왜냐고 묻는다면 이유는 없다. 되돌릴 수 없는 기억력이 나중에 할 말이 없어질까 두려워, 이때 뭔가 잡아두려는 노력은 어쩌면 처절하기도하고 대견하고 신통하기도하다. 지난날은 생각할수록 애정이 가고 사랑하게 된다. 과거에 산다고 하는 의미와는 다르다.

　세월이 흘러 모든 동물이 죽을 때가 되면 태어난 곳을 향한다고 한다. 하지만 내 본심은 그것과 다르다. 글을 통해 나의 태어남과 성장과정 노년의 삶을 정리하고자 함이 강하다. 미리 써놓은 묘지명(墓誌銘)이라 할 수도 있다.

　돌아보면 내 평생에 즐거웠던 시절이 있었던가 하는 아쉬움이 있다. 하지만 내 존재는 타계하신 부모님의 은공을 생각할 수 있고, 아내와 세 자식의 도움이 있어서였다. 어찌 살았건 자신의 역사는 있는 법, 살아온 날들을 기억에 담아 글로 옮긴 자서전, 제호를 "떠난 열차는 아름답다"라고 하였다. 돌아보면 모든 일이 그저 부끄러울 뿐이다.

"우리는 좋은 사람으로 만나
착한사람으로 헤어져
그리운 사람으로 남아야한다."

고향의 그림자

　내 고향은 충청남도의 산골 마을이다. 대략 500미터 높이로 산이 둘러 있어 하늘만 빼꼼히 보이는 곳이다.

　봉우리마다 이름이 있어 나물재, 병풍재, 각시봉, 신랑봉등으로 영락없이 병풍이 둘려 쳐진 형세다. 전해지는 말에 의하면, 홍경래 난 즈음에 피난 할 곳을 찾아 하나둘 이주하여 부락이 형성된 곳이 이 마을이라는 것이다.

　이 촌락을 말하면 내 조상의 뿌리가 있는 곳이고 산등성이를 경계로 하여 부여군, 서천군, 보령시이 나누어지는데 나의 본적지는 보령시이다. 14개 면 중, 제일 끝자락인 미산면 옥현리는 임씨와 백씨가 반반씩 섞여 100여 호로 이루어진 집성촌(集姓村)이며, 나의 어린 시절 애환이 깃들인 곳이기도 하다.

　6남매를 포함한 대가족 속에서 자란 나는 아버지가 면장이었다는 사실을 성장한 후에 알았다. 가세가 기울고 빈곤의 원인이 면장이란 직책 때문이므로 집안에서는 이를 별로 자랑으로 여기지 않았던 것 같다.

　어른들의 말에 의하면 돈 버는 면장이 아니라 돈 쓰는 면장, 가족보다 친구가 우선인 뼈 없이 좋은 사람, 멋을 아는 한량(閑良), 풍류객(風流客)이 나의 아버지였다는 것이다. 또 학문이 출중하여 고향 인근에서는 겨룰만한 상대가 없었고, 특히 시조에 능하여 전국대회에 뽑히는 대상이 되었다고도 했다. 그러나 그것만은 아닐 것이다. 한량, 풍류객에게는 술과 여성도 있었을 것이다.

　유년 시절 얘기다. 8~9세쯤 되던 해 겨울, 장티푸스라는 위험한 전염병을 앓았던 기억이 있다. 당시 내 곁에는 두 여인이 지키고 있었다. "너 이거 먹어야 살아" 그건 뭔가? 할머니의 간절한 염원이 서린 꿩고기 국물이며, 죽어가는 손자에게 떠먹이는 기도 소리였다. 그 기도의 효험이었던가… 죽어가던 한 생명이 소생한 것이다. 그러나 다른 한편에서는 "이번에 죽지 않았으니 오래 살 것이다"라는 반갑지 않은 대척녀(對隻女)의 소리도 있었다. 죽어 없어지기를 바랐던 저주 그 자체였다.

　집성촌의 혼인 잔치는 요란했다. 그날은 온 동네 일가 식구가 동원되어 잔치 일도 거들고 축제 분위기 속에서 아이들은 좋아하고 먹고 뛰논다. 그러나 그런 분위기와는 달리 외톨이가 되어 콧물을 훌쩍거리는 아이가 있었다. 그게 나였다. "쯧쯧 제 에미 없으면 찬밥이야." 이웃 할머니의 중얼거림과 눈물을 찔끔거리며 배고픔을 참아내던 내 모습이 지금도 생생하다.

　그 시절 내 추억의 갈피에는 '신두식'이와 '백온기'가 있었다. 그들은 같은 또래 동갑내기 친구다. '두식이'는 어려운 가정형편 때문에 초등학교로 끝을 냈지만, '온기'는 비교적 여유 있는 집안이어서 중·고 대학교까지 마친 친구다. 나는 그때 이 아이들이 무척이나 부러웠다. 나와는 환경이 달라서였을까?

그때 아편쟁이라고 불리는 할머니가 있었다. 그게 '두식'이 엄마였다. '두식이' 엄마는 바짝 마른 체구에 얼굴색까지 노래서 병색이 완연했었다. 그런 그는 언제나 긴 장죽을 물고 연실 담배 연기나 뿜어 대는 게 일이었다. 그러다가도 자신의 아들 '두식'이가 또래들의 다툼으로 위기에 몰릴 때는 긴 장죽을 들고 고함을 지르며 모성애를 발휘했다. 그래선지 두식이 기세는 만만치 않았다. 한편 비교적 가정형편이 여유로운 '온기'는 일찍이 엄마를 잃은 슬픔이 있었지만, 착한 형제들과 아버지의 정성이 있어 무난한 삶을 살아가는 모습이었다. 어린 눈으로 보는 그 친구들이 참으로 부러워했다.

그렇게 세월이 흘렀다. 그 세월 동안 나는 사랑받는 인생이고 싶었다. 때로는 조상과 부모를 원망한 적도 있었다. 그러나 지금은 아니다. 부모님의 물질적 유산은 그렇다 해도 정신적 유산을 생각하면 그럴 수는 없다. 특히 아버지는 아버지라는 그 존재만으로도 내겐 너무 벅찬 분이다. 큰 산을 하얗게 덮은 눈의 무게만큼이나…

"세월이 비켜 간 듯 고향산천(故鄕山川)은 그대로다."

장항선(長項線)

내가 기차를 처음 본 것은 10살 때였다. 장항선 또는 충남선이라고 불리며 장항에서 천안까지 오가는 열차였다. 어린 시절 이 기차를 보려면 왕복 20킬로 정도를 걸어가야 했다. 호기심 어린 눈으로 기차를 보면 괜한 용기가 생겼다. 멀리서 내뿜는 연기와 함께 울리는 기적소리는 마치 전쟁에 임하는 장수의 호령 같았고, 가까이 올 때의 모습은 용맹스러운 용사가 적진을 향해 돌진하는 모습으로도 연상 되었다. 그리고 이 열차는 후일 내 꿈을 키워준 동기가 되기도 했다.

10살에 6·25전쟁을 만났다. 전시(戰時)의 학교는 엉망이어서, 한시적으로 문을 닫았다. 나는 그때 초등학교 3학년이었다. 별수 없이 학업을 중단하고, 어른들을 따라 농사일을 하게 되었는데, 산으로, 들로 다니며 풀을 베고 땔나무를 하며 밭을 매는 일이 14~15세까지 이어졌다. 어린 나이에 힘도 들거니와 또래의 아이들과 비교할 때 피 터지는 반항심이 쳐 오르곤 했다.

그럴 때마다 기차역을 향한 것은 어디론가 떠나고 싶은 마음에서였다. 막연하지만 나에게 꿈이 있었다. 대책도 없이 그저 어디론가 훌쩍 떠나고 싶었다. 흔히 말하는 10대의 반항이었을까? 마음이 딴 데 있으니 어른들 말씀은 건성이었다. 일상이 순조로울 리 없었다. 그러니 어른 눈에 거슬리는 건 당연했다. 이처럼 매사 충돌과 반항의 반복 속에서 그야말로 지옥 같은 생활의 연속이었다.

누군가 친엄마가 아니란 소리를 들은 후부터는 내 행동이 더욱 거칠어졌다. 엄마라는 호칭도 어느덧 사라졌다. 증오의 대결만이 있었다. 가히 증오는 파괴적이라 했던가. 어느 땐 가는 방화(放火)의 충동마저 느꼈다. 반항에 반항을 거듭하던 끝에 끝내 결정적인 시기가 닥쳐오고야 말았다. '아! 나는 가야한다. 어디론가 가야한다. 이대로는 안 된다.' 결행의 순간이 다가왔다.

서울로 가자. 10대 중반의 나이에 무단가출이었다. 초가을 날씨는 바람이 매섭게도 차가웠다. 장항선 열차는 나를 싣고 서울로 향해 달렸다. 천안에서 환승했다. 경부선으로 갈아타고 말로만 들었던 서울에 도착한 것은 다음날 새벽녘이었다. 전쟁이 끝난 1956년의 서울은 참담함 그 자체였다

목적지인 서울에 도착하였지만 걱정이 태산이었다. 무엇보다 숙식 해결이 급선무였다. 하지만 세상은 오묘했다. 양계장 청소부로 취직하는 행운을 얻게 되었다. 작으나마 숙식 문제가 해결되고 한숨을 돌릴 무렵 당초의 생각을 떠올리니 그게 아니었다. 내가 무엇 하러 서울까지 왔단 말인가. 주경야독의 일자리를 찾아야 한다는 데 생각이 모였다. 그리고 골똘히 생각했다.

15세 소년의 일자리란 게 열악하기 짝이 없었다. 기껏해야 이발소 보조나 음식점의 청소부 아니면 상점 점원이었다. 사무실이나 관공서 급사는 고급 일자리에 속했다. 그나마 아는 사람의 소개가 있어야 했

다. 하지만 내 경우에는 말씨가 문제였다. 충남의 보령, 부여, 서천은 전북의 군산이나 전주 말씨와 비슷해서 처신하기가 어려웠다. 심지어 전라도 놈은 안 된다는 곳도 없지 않았다.

자유업으로는 대개 구두 닦기, 신문팔이 담배 장수가 고작이었다. 여름엔 아이스케이키장수 등속(等屬)이었다. 그중에 신문 배달이 그나마 안정적이었다. 동아일보나 조선일보, 경향신문, 한국일보 등은 경쟁이 심하여 배달원 자리도 끼리끼리 웃돈으로 거래되기도 했다. 용케 나는 그런 것 없이 동아일보 배달원이 된 건 당시로 행운에 속했다. 이러한 일자리를 짧게는 한 달, 길게는 일 년을 하니 체험기간 몇 년이 후딱 지나갔다.

이런 궂은일 뒤에는 당초의 신념대로 향학열이 있었기에 버틸 수가 있었다. 그럴 즈음 정부에서는 전후 복구를 위해 가능한 정책을 쏟아냈다. 그의 일환으로 교육도 한몫했다. 학령기를 잃은 청소년을 위해 중등교육 속성과가 있었다. 그것이 고등공민학교였다. 다행히 시골 초등학교에서 3학년 이상 재학생에게는 졸업증명서가 발급되었다. 나도 그에 해당이 되었기에 중등교육을 받을 기회를 얻게 되었다.

물론 학력인정 검정고시를 통과해야 했다. 고등학교를 마칠 즈음 장래 진로가 고민이 되었다. 공군사관학교에 응시한 나는 보기 좋게 낙방했다. 예상은 했기에 실망도 없었다. 그렇다고 주저앉을 수는 없어 공군 사병으로 입대를 결심했다.

그럴 즈음 한 여성이 나타났는데 나와 동갑이었다. 요즘 말로 여친이었다. 배고플 때 밥을 주던 단골 밥집의 딸이었다. 군대 가기 전 자신과 약속할 게 있다는 것이었다. 자신과 혼인하여 평생의 반려자로 삼자는 것이었다. 일종의 사랑 고백 내지 청혼인 셈이었다. 현재 나의 처지를 조심스럽게 말하고 거절했다. 손 한번 잡아보지 못한 숙맥인 그때의 나를 생각하면 지금도 웃음이 절로 난다. 첫사랑인 셈인데 지금은 무얼 하는지 살았는지 죽었는지 궁금하다.

1961년 4월은 유난히 쌀쌀했다. 당시 4~5월은 보릿고개로 유명했다. 춘궁기라고도 하는 이 시기에는 아사자餓死者가 속출했는데, 아마도 입대 지원율이 높았던 이유도 이 춘궁기와 무관치 않으리라 생각되었다. 어렵사리 공군에 입대한 나는 놀라운 변화를 느꼈다. 숙소가 그렇고, 급식이 그랬다. 좌변기에 수세식 변소는 처음이었고 급식은 당시 상류 시민 수준이었다. 평생 군대 생활을 하겠다는 동료 훈련병도 있었다.

나는 공군에 복무하며 영어 공부를 했다. 모두가 미국식으로 원어민 교육을 받은 것도 이때였다. 그리고 같은 교육생 중에 전 대한항공 이종희 사장을 만난 것도 이 무렵이고, 부영건설 이중근 회장을 안 것도 이때였다.

1960년대 실업 사태는 상상을 초월했다. 일자리 하나에 백 명이 모여 경쟁률 100대1이라면 아마도 살인적인 경쟁이라 말할 수 있다. 어렵사리 나는 건설부 산하 울산특별건설국에 발령받았다. 지금과 달리 울산은 교통이 열악한 오지였다. 말단공무원의 인생은 말 안 해도 뻔하다. 책상 위에 흰 봉투를 올려놓고 나왔다. 사직서였다. 말단은 고달

팠다. 그래도 하려면 간부를 해야지. 그게 평소 소신이었다. 고시 준비를 시작했다. 고등고시 전 단계인 보통고시 준비였다. 하지만 영양실조 상태에서 제대로 공부가 될 수 없었다. 마땅히 도서관에서 편하게 공부할 처지도 아니었다. 코피를 쏟고 쓰러졌다. 결국 포기였다. 우선 사람이 살아야 했다.

　1950년대가 전쟁 복구 시기라면 1960~1970년대는 경제부흥 시대라 할 수 있다. 우연한 기회에 동대문시장에 입성했다. 동대문시장하면 우선 옷감으로 유명하다. 처음에는 화학섬유가 주류였지만, 경제발전을 하면서 차츰 면직물이 고급화되었다. 80년대 초 새 정부에서는 몇 가지 정책을 세웠다. 야간 통행금지 해제와 교복 자율화가 그것이었다. 면직물 청바지 원단에 이르러서는 가히 수요가 폭발적이었다. 나의 전문 품목이 면직물 도매업에 청바지 원단 총판이었다면 더 말해서 무엇 하랴. 여기서 나는 돈을 벌었다. 자유경제 체제에서 돈은 곧 성공이라는 등식이 성립되는 것이다.

　좁은 집에서 넓은 집으로, 월세로 있던 점포가 자가 점포로 변하고 아이 셋의 교육이 모두 이루어져 집안에 학위풍년(學位豊年)을 구가(謳歌)하게 되었다. 아이들은 모두 외국에 나가 제 역할을 하고, 손녀딸 하나가 보스턴에 소재한 세계 명문 H대학 생물학과에 입학하여 나를 기쁘게 해준 것이 2년 전 일이다.

　참으로 숨 가쁘게 살아온 인생이다. 내게 꿈을 키워준 장항선, 그

열차를 타기 위해 용산역을 향해 집을 나섰다. 60년 만이다. 노선이 연장되고 이름도 바뀌었다. 무조건 올라탔다. 장항에서 군산 익산까지 연장했다고 했다. 널찍한 무궁화호 좌석에 묻혀 차창을 내다보며 상념에 잠겼다. 마침, 비 갠 저녁노을을 차창에서 볼 수 있었다. 그야말로 환상적이다. 이미자의 〈황혼의 블루스〉를 읊조려본다. 그 곡은 최양숙의 〈황혼의 엘리지〉와 함께 나의 애창곡이기도 하다. 1절 끝부분의 "별처럼 아름답던 그 추억이/ 내 마음을 울려주네/ 목이 메어 불러보는 당신의 그 이름."으로 끝나는 노랫말에서는 눈물이 어린다. 짧지 않은 인생에서 수많은 애환이 교차하는 삶이었다. 그때마다 장항선을 생각했다. 어린 시절 꿈을 키워준 열차였기에 더욱 그랬다.

> "인생에는 3권의 책이 있다.
> 그것은 과거, 현재, 미래라는 책이다."

봄날은 간다

'연분홍 치마가 봄바람에 휘날리더라~'로 시작하여 '봄날은 간다~'로 끝나는 이 노래는 내 어머니의 애창곡이다. 이 노래가 당신의 애창곡이 된 것은 멜로디도 그렇거니와 가사의 구절 모두가 자신의 처지를 노래한 것이라고 생각되었기 때문이리라. '연분홍 치마가 그렇고, "꽃이 피면 서로 웃고, 꽃이 지면 서로 울던 알뜰한 그 맹세에 봄날은 간다."가 그렇다.

당신의 인생에 있어 누군가를 만나고 그 사람이 소중한 존재로 다가왔지만, 결국 인연이 아님을 깨닫고는 보내야 하는 슬픔. 자신이 연분홍 치마가 되어 봄날의 따뜻한 사랑을 맛본 채, 보내야 하는 슬픔을 이 노래로 위안을 삼은 듯하다.

그렇게 말한 인연이란 물을 것 없이 내 아버지다. 20대 초반의 미모 수려한 내 어머니는 멋쟁이 세련된 남성을 만나 한눈에 반하였다. 이상적인 상대임을 확인하고 곧바로 꽃과 나비가 되어 사랑에 빠져들었다. 무심천(無心川)의 4월은 벚꽃으로 뒤덮였다. 외지에 나와 나비(蝶)가 된 아버지는 해와 별을 벗 삼으며 아침이면 일터로 출근하고 퇴근 후에는 꿀 같은 시간을 보냈다. 당시는 본인의 의사와 관계없는 혼인이고 집안끼리 이루어진 혼사였기에 재혼이나 파경은 예삿일로 여기던 때였다.

1941년은 내가 출생한 해이다. 일본의 선제공격으로 세계 2차 대전을 촉발시킨 소위 태평양 전쟁의 와중에 있던 때였다. 전시 젊은이의 생활은 불완전 그 자체였다. 그때마다 젊은 엄마의 고생은 말이 아니었다. 그래도 사랑이 있었기에 참아낼 수가 있었다. 그러나 그 인내도 한계에 이르렀다. 인연이 아님을 알았던 때는 한참 후의 일이었다.

이미 봄날은 가고 있었다. 거칠고 치열한 현실만이 기다렸다. 등에 업힌 사랑하는 아이는 어디론가 보내야 했다. 궁리와 시도를 반복하며 세월과의 싸움은 이어졌다. 밥숟갈이라도 챙길 대여섯 살쯤인가. 끝내 나는 위탁모(委託母)에게 넘겨졌다.

위탁모와 생모(生母)는 애초부터 다른 이였다. 위탁모는 맡겨 부탁받은 엄마이기에 건성이었고, 생모는 모성애(母性愛)를 수반한다. 위탁모는 눈빛이 심술궂고 애정이 없지만, 생모는 자신의 몸을 던질 만큼 모든 걸 희생한다. 제 엄마가 아이를 길러야 하는 건 자연스러운 이치가 아닌가. 아이의 그릇된 성격을 사랑으로 녹이기 때문에 더욱 그렇다. 하여 사랑으로 자란 아이는 기가 살고, 자신감과 용기를 지니고 훗날 사회에 이바지할 수 있는 인물이 될 수 있지만, 사랑이 없이 자란 아이는 사회성이 결여되어 세상에 해악을 끼치는 인물이 되기 쉽다.

나는 외형상 가족구성은 되어있지만, 친엄마가 없는 상태에서 자랐다. 사랑이 없는 생활은 반항과 증오, 그 자체였다. 철이 들 즈음 아버지가 미워졌다. 세상 사람들은 훌륭한 사람, 멋있고 학덕이 높은 사람으로 칭송이 자자했지만 나는 아니었다. 생모를 찾아 오매불망(寤寐不忘)하던 일이 이루어진 것은 내 나이 18세가 되던 해였다. 그때 들던 노래가 바로 '봄날은 간다'였다.

그 무렵 내 추억의 갈피에는 장 마중이 있었다. 오일장으로 생필품을 조달했는데 그 일은 대개 엄마들의 몫이었다. 해서 또래들은 삼삼오오 올망졸망 모여 장 마중을 갔다. 나야 마중할 엄마도 없으면서 덩달아 따라가곤 했다. 그 아이들이 엄마를 기다릴 때 나는 노래를 불렀다. 그때 부른 노래는 '비 내리는 고모령'이었다. "어머님의 손을 놓고 돌아설 때에/ 부엉새도 울었다오/. 나도 울었소."로 시작되는 이 노래는 평생 나의 애창곡이 되었다. 아마도 어린 마음에 마중할 엄마가 없는 대신 노래로 위로했던 듯싶다. 그리고 그때 그 아이들이 저희 엄마를 만나면 알사탕을 선물 받아 아드득 아드득하며 단숨에 깨물어 먹던 모습이 어찌나 부러웠던지 지금도 생생하다.

이렇게 세월은 흘러갔다. 어쩌다 고향을 찾으면 산천은 그대로다. 나물재가 있고 각시봉과 신랑봉도 있다. 세월의 더께가 덕지덕지 붙어 있는 애환의 고향이라도 추억은 그대로 남아있다.

세월을 이기는 장사가 있던가. 70여 년의 기나긴 여정에서 나는 이따금 생각에 잠겨본다. 남남이 된 지 오래인 부모 곁을 떠나 떠돌이로 보낸 세월이 그 얼마인가. 생활이 내게 아픔을 줄 때 인생을 포기할 생각은 없었던가. 세상은 과연 공평한 것인가. 운명은 과연 존재하는 것인가. 끝없이 이어지는 생각 속에 내린 답은 운명은 존재하는 것이고 그것은 신(神)의 영역이라는 것이다.

또 하나 신이 있어 인간에게 주어진 은사(恩賜)가 더 있다면 아마도 자유의지(自由意志)가 아닐까 싶다. 자유가 있는 대신 선택과 책임도 있다는 말이다. 부계(父系)가 임씨고 모계(母系)가 박씨인 것은 신(神)이 인간에게 정해준 일이지만 그것도 은사의 하나로 여긴다면 감사한 일일 것이다. 모든 인생이 그렇듯이 자랑만 있고 치부(恥部)는 없는 인생이 있을 것인가? 하는 물음에 그런 인생은 없다는 게 답일 것이다. 70을 넘어 80을 사는 인생에 있어서는 더욱 진솔하게 고백하는 인생이어야 하고 그에 대한 보답이 아닐까 싶다.

    멋모르고 날뛰던 시절이 있었다. 그러나 지금은 아니다. 나에게 있어 팔십을 바라보는 요즘의 생각은 다르다. 범사에 감사하며 사는 일이다. 인생에 있어 사랑이 본질이라면, 그것은 나를 포함한 모든 자연과 인간일 것이다. 어느덧 봄날이 가고 여름이 오고 있다.

밥그릇

나는 그릇의 중요성을 강조한다. 내용물은 그다음이다. 어떤 그릇에 담겨 있느냐에 따라 내용물은 그 가치를 발휘하기 때문이다.

향(香)을 으뜸으로 하는 차(茶)는 격에 맞는 그릇이어야 하고, 밥을 말아 먹는 국(麴)은 그것대로 밥그릇에 어울려야 한다.

밥에 있어서는 더욱 그러하다. 밥은 원래 인간이 먹기 위해 지은 것이다. 밥은 밥그릇에 담겨야 한다. 또 밥은 밥그릇에 있어야 인간의 생명을 보존하는 값어치를 지닌다. 그런데 밥이 담겨야 할 마땅한 그릇에 있지 않고 다른 데 있으면 문제가 생긴다. 밥이 개밥 그릇에 담기면 개밥이 되고 만다. 밥이 밥그릇을 벗어나 제 본연의 자리를 잃는다면, 그 밥 자체의 소중함과 아름다움은 간데없고 버려야 할 오물이 될 뿐이다.

유년 시절, 우람하게 보이는 우리 집 대문은 겉으로만 보아도 부잣집으로 착각하기에 충분했다. 군식구나 걸인들이 꼬이기에 십상이었고, 어쩌다 그런 일이 현실로 이루어질 때는 그릇 부족 사태가 벌어지곤 했다. 우리 가족을 포함하여 20여 명이나 되는 대식구가 되고 보니 그럴 만도 했다.

그러나 몰락하는 시골 부잣집이라 해도 일꾼들이 사용하던 그릇이 있을 수 있다. 대개 그런 그릇들은 막사발이라 해서 필요시를 대비하여 헛간에 보관되는 것이 보통이다. 그러나 그중에도 유독 눈에 띄

게 흉물스러운 그릇이 따로 있었다. 그것이 내 차례가 될 때는 질겁을 하곤 했다. 그래선지 어른이 되어 살아가는 지금에도 잊혀 지지 않는 트라우마로 남아있다.

  살아가면서 어쩌다 외식을 할 때가 있다. 시장기를 면하기 위해서 보다는 음식을 즐기자는 게 나의 속마음이다. 그러기 위해서는 음식점의 시설도 보지만 나오는 음식의 그릇을 유심히 살핀다. 그것이 습관이 되어있다.

  핵가족 시대에 나도 어쩔 수 없이 두 식구생활을 한다. 음식이 담기는 그릇이 대충일 수 있다. 하지만 나는 그 대충을 용납할 수가 없다. 아내에게 꿈쩍 못하는 노년이라고 해도 식단과 그릇에는 물러설 수가 없다.

  유년 시절의 아픈 추억이기도 하겠지만 '좋은 사람과 함께 즐겁게 식사를 하는 것이 복된 삶'이란 생각과 함께 식단과 식사는 제대로 하자는 게 나의 소신이다. 인간이 인간이기 위해서는 식사만큼 중요한 게 있을까 싶다. 품위 있는 인간생활에서는 더욱 그렇지 않을까. 오늘 저녁 식탁엔 어떤 밥그릇에 밥이 담기려는지 기다려진다.

세아(世兒)의 추억

대학교 합격통지서를 받던 날, 너는 너의 엄마와 함께 울었다. 하도 섧게 울어서 내가 네게 물었었지. 왜 그렇게 우느냐고…. 그때 괜히 눈물이 나와요, 하고 대답했었다. 그러자 나는 네가 옆에 있는 느낌으로 말했다. 기쁨이 극에 달하면 눈물이 나고 슬픔이 극에 도달하면 웃음이 나온다고…. 그랬더니 맞아요. 할아버지. 하고 울먹이는 목소리로 말했었다.

그래, 장하다. 세계 최고의 명문대학에 들어가게 되었으니 말이다. 그것은 너의 모녀의 기쁨을 넘어 온 집안의 자랑이자 영광이 아니고 무엇이겠느냐? 네가 공부를 잘한다는 말은 간간이 듣기는 했다만 이렇게 큰일을 해낼 줄은 몰랐다. 정말 기쁘고 자랑스럽다. 그래서 동네방네 자랑하고 축하도 받고 그랬다.

네가 다닐 학교는 여느 대학과 달리 세계적 인재를 배출하고 인류를 위해서 봉사하는 학교라는 건 너도 이미 알고 있을 것이다. 인생에 있어서 삶의 가치는 누군가를 위해 봉사하는 것이 아니겠느냐. 이 할애비는 꿈만 같구나.

네가 입학 하는 모습을 보기 위해 한달음에 날아간 것만 봐도 이 할애비의 심정을 알리라…. 비록 직항이라고는 하지만 15시간은 그리 짧은 시간은 아니었다. 그러나 너의 대견한 모습을 떠올리면 고생보다는 오히려 기쁨의 시간이 아니었을까 싶다.

너는 어려서 무척 샘해서 너의 엄마가 고생이 심했다. 식사 때는 물론이고 심지어 변소까지도 널 끼고 다녔고, 밤도 낮도 없이 너와 한 몸이 되어서 생활한 걸 내가 알고 너도 들어서 알 것이다. 그때마나 저게 모성애인가 그게 아니라면 어찌 저렇게 참아 낼 수 있단 말인가 하고 경탄을 금할 수가 없었단다.

 네가 외손녀이기는 하다마는 나는 외손, 친손 따지지 않는다. 모두가 내 자손이기 때문이다. 네가 초등학교 3학년에 미국으로 공부하러 간다고 할 때 무덤덤했다. 이따금 현지에 가서 너와 함께 지낼 때도 그냥 평범한 중·고등학생이었다. 공부를 잘한다고는 했지만 지나가는 말로 들었고, 미 동부 아이비리그 명문대를 목표로 한다고 할 때도 설마 하며 믿어지지 않았었다. 그러나 그것이 막상 현실이 되다니 참으로 꿈만 같구나. 지인 친구들을 불러 회식하고 자축한 것도 이 할애비의 주체 못하는 기쁨 때문이었다.

 네 입학을 축하하기 위해 뉴저지의 삼촌 댁에서 모인 가족 모임은 오붓하고 즐거웠다. 조촐하게 맥주파티를 하며 너와 대화하던 그 순간이 참으로 행복했다. 그때 네가 하던 질문은 상당한 수준이었다. "우리나라는 꼭 통일이 되어야 하나요? 푸에르토리코와 쿠바는 왜 가려고 하세요?" 아…, 통일은 우리 민족의 지상과제지. 푸에르토리코는 미지의 세계에 대한 호기심과 국립미술관에 걸려있다는 노인과 여자라는 이름의 미술품을 포함하여 그밖에 여러 곳을 보고 싶고, 쿠바는 '지상최대의 낙원'이라고 말한 콜럼버스와 헤밍웨이를 떠올리면 한번 가보고 싶은 충동이 있어서다. 오래전에 멕시코에 갈 때에도 같은 질문을 했었다.

또 보스턴의 입학 전야를 잊을 수가 없다. 자그마한 호텔방 하나를 얻어 하루를 지내는 동안 수륙양용(水陸兩用) 버스를 신기한 기분으로 타 본 것도 그렇고, 입학 전야이기에 밤새 노트북을 두드리며 입학과제와 준비물을 완성하느라 열심인 네 모습이 대견하기만 했다. 또 네가 한 말이 있다. "할아버지와 할머니가 사이좋게 지내시는 게 보기 좋아요." 허허하고 웃는 가운데 철부지 울보로만 생각되던 네가 어느새 이렇게 자라 어른이 되어 가는 걸 그 말속에서 느끼고 웃었단다.

그다음 날이 압권이었다. 네가 입학하여 4년 동안 공부할 그 대학을 어렴풋이 알기는 했지만 막상 메인 캠퍼스에 들어서니 그 규모가 대단하더구나. 학부를 포함한 부속건물과 캠퍼스의 부지는 가히 보스턴 시가지를 모두 점유한 듯하였고, 그 주변 상가는 그 대학의 유동 인구에 의해서 상권이 형성된 듯했다. 더 놀라운 건 기숙사 입주를 위해 부산한 가운데 세계 각국의 수재들로 보이는 신입생들과 재학생들로 뒤엉켜 새내기 후배들을 도와주는 모습이 그랬고, 두 평이 됨직한 독방도 네가 기지(奇智)를 발휘하여 배정받았다는 바, 그 지혜가 놀라웠다. 또 길을 잃고 헤맬 때 네 영어 실력이 돋보였다.

이제 너를 언제 또 만날 수 있을지…. 내 나이 70대 중반이고 보면 더더욱 그런 생각이 든다. 이 대목에서 네게 당부하고 싶은 말이 있다. 미국의 세계적 명문대학교에 들어간 바에는 네가 선택한 생물학을 기초로 해서 의학을 전공하기로 했으니 부디 실력 있는 의학도로 우뚝 서기 바란다. 또 한국인임도 잊지 말고…. 또 네 엄마의 노고는 여느 엄마와 다르다는 것도 알아야 한다. 네가 달성한 오늘의 영광을 100으로 치면 70은 너의 엄마의 몫으로 봐야 하고 이 할애비나 할매의 힘도 조금은 보탰을 것이다.

나의 사랑하는 세원아! 이제 이 할애비는 여한이 없다. 자랑스러운 나의 손녀 세원아! 너는 나의 자손이기 전에 세계 인류를 위한 전사로 선택되어 봉사자로 힘써야 할 것이다. 이 할애비의 소원은 이것이 끝이다. 알겠느냐?

* 제목의 '세아'는 '세원'의 애칭

"아름다운 종(鐘)소리를 더 멀리 퍼트리려면,
종(鐘)이 더 아파야 한다."

나의 롤 모델

나는 춘원 이광수(春園 李光洙)를 좋아한다. 그의 아호(雅號)가 말해주듯 따뜻한 봄 동산이 연상되는 것이 그렇고, 어머니의 품속 같은 것이 더욱 그렇다.

이런 이광수를 처음 만난 것은 내 나이 20대 전후로 기억된다. 그의 작품 《유정(有情)》을 읽고 그 작품 속에서 만났다. 꼬박 밤새워 읽고 그 소설의 주인공이 되어 시베리아 횡단열차를 타고 바이칼호의 호숫가에 서 있었다. 그 후로 그의 작품을 모조리 구해 읽고 그의 생애까지 연구하게 됨은 물론, 평생의 스승으로 삼고자했다. 또 있었다. 그분이 도산 안창호(島山 安昌浩)다.

춘원과 도산, 도산과 춘원은 상해 임시정부에서 만났다. 지도자와 충직한 참모 격으로 만나 오직 인간애(人間愛)로 사랑하고 존경했다. 대한민족의 독립방략의 기초를 세운 것도 이때고, 임시정부의 대강을 이룬 것도 이 무렵이다. 도산의 춘원 사랑은 각별했다. 훗날 춘원은 '도산 안창호'란 소설에서 "내가 이 민족 중에 존경하는 인물 둘을 꼽으라면 단연코 '충무공 이순신과 도산 안창호'"라 한 것도 이런 둘만의 관계에서 비롯되었다고 할 수 있겠다.

내가 도산을 알고 그를 존경하게 된 것도 춘원을 통해서였다. 여기서 도산과 춘원을 다 말할 수는 없다.

집을 나섰다. 망우리에 자리한 도산을 만나기 위해서였다. 그의 묘소를 찾은 것은 아침나절이었다. 쾌청한 날씨에 주변이 고즈넉했다. 비교적 평범한 묘역이었다. "도산 안창호의 묘"라 새겨진 비석 앞에 서니 숙연해진다. 비문을 꼼꼼히 살폈다. 비문 내용이 춘원 이광수 작(作)으로 되어있었다.

한편, 이광수도 만나고 싶었다. 그를 만나기 위해 이른 아침 집을 나섰다. 그가 해방 후 잠시 머물렀던 봉선사를 가기 위해서였다. 양주시에 위치한 봉선사(奉先寺)는 운악산 자락에 자리하고 있다. 청량리에서 일반버스를 이용했다. 마침, 버스에 설치된 스피커에서 음악이 흘러나오고 있었다. 문정선의 가을을 노래한 〈나의 노래〉가 심금을 울린다. 나는 음악과 함께 가을이 오는 소리를 들으며 조용히 상념에 젖었다. "이 세상에 태어나 당신을 사랑하고/ 후회 없이 돌아서는/ 이 몸은 낙엽이라/ 아~아 떠나는 이 몸보다 슬프진 않으리"로 1절 가사가 끝나는 그의 목소리는 노래가 아니라 어쩌면 애원하는 것처럼 들렸다.

봉선사에 도착한 것은 한낮이었다. 비가 온 뒤여서인지 날씨가 청명하고 맑았다. 샛노란 은행잎 사이로 비추는 햇살은 눈을 부시게 했다. 정문을 들어서니 오른편으로 비석이 즐비(櫛比)하다. 중간쯤 우뚝하게 서 있어 한눈에 보이는 비석은 운허(耘虛) 이학수의 것이고, 다음쯤 춘원 이광수의 비석이 보인다. 그 비석 앞에 서니 숙연하다. 이 나라 해방공간에서 친일을 이유로 단죄(斷罪)의 대상이었던 그는 피신의 처지가 되어 운허 이학수를 찾은 것이다. 그와는 팔촌 관계로 동갑이며 운허가 동생뻘이다.

운허로 말하면 이 나라 최고의 학승(學僧)이었다. 그의 도움이 있어 친일 인사 척결의 구호와 비등한 여론의 소나기를 피할 수 있었던 춘원, 그는 당시 어떤 심정이었을까. 비문을 꼼꼼히 살피며 이광수의 일생을 떠올렸다.

봉선사의 경내는 고즈넉했다. 산사(山寺)의 고요함은 주변을 더욱 아름답게 한다. 올해는 유난히 여름이 덥고 길기도 했지만, 늦가을임에도 날씨는 적당한 기온을 유지하며 청명한 날씨가 계속 이어졌다. 그래선지 모든 잎이 나뭇가지에 풍성히 붙은 채로 곱게 물들어 가고 있었다. 붉고, 푸르고, 노란…. 고개를 들어 멀리 봉선사의 뒷산에 시선을 고정했다. 흡사 만추의 그림이 담긴 한 폭의 동양화다. 나는 평소 산을 좋아했다. 산사의 뒷산을 천천히 거닐었다. 곱게 물든 가을 산은 장관(壯觀)이다. 청설모, 다람쥐가 바삐 움직이며 살아 있음을 과시하는 듯했다.

나는 이광수를 본 일도 만난 적도 없다. 동시대를 살았다는 게 인연일 수도 있고, 한때 그의 작품에 매료되어 어린 내 영혼에 불을 지폈음도 사실이다. 평생 사표(師表)가 되어 내 삶에 버팀목으로 자리한 것도 사실일 터이다. 모든 인생이 그러하듯 한 시절 열광과 갈채를 한 몸으로 받으며 시대의 총아(寵兒)로 살았던 그였지만, 불행하게도 비참한 최후를 맞이한 채 불귀의 객이 되었다는 사실은 안타까운 일이다. 언젠가 통일이 되어 기회가 된다면 동토의 땅 북한, 그의 고향 어디엔가 묻혀 고혼(孤魂)이 되어 있을 그의 무덤에 꽃 한 송이 바치며 당신과 당신의 스승 도산을 사랑했다고 말하고 싶다.

세한도(歲寒圖)

내 집에 들어서면 세한도(歲寒圖)가 눈에 띤다. 정작 추사(秋史)의 작품인 것은 알았지만, 그림에 드리운 깊은 뜻을 깨달은 것은 요즈음에 와서다. 이사를 하면서 나의 작품과 함께 장식용으로 걸어 놓은 것이다. 그래도 유명인사의 작품 하나쯤 하는 마음에서 들여놓은 게 세한도였고, 내 작품은 방문객들에게 보이려는 글씨 쓰는 사람으로서의 예의에 불과했다.

내가 서예를 시작한 것은 40대였으나 시늉뿐이었고, 본격적으로 연마한 것은 50대 후반이다. 그야말로 만학이었다. 그렇게 된 데는 특별한 사정이 있었다. 여유 시간이 있는 직장인과는 달리 자영업을 하는 관계로 한가한 시간이라곤 잠자는 시간밖에 없었다. 생업이 정리되면 서당 이상의 학원을 운영하리라고 마음먹었던 때가 있었다. 아마도 조부와 부친이 한학자(漢學者)이자 서당을 운영했던 영향 때문일 것이다. 그 꿈이 실현된 것이 60대 초반이고, 그 전 단계로 5~6년의 수련 기간이 있었다. 인사동으로 강남으로 실력 있는 선생을 찾아다니며 정진을 거듭했다. 추사를 안 것도 이즈음이었다.

수도권 분당(盆唐)에 서예한문학원을 개업했다. '미산 서예한문학원'이라는 간판을 내걸었다. 그곳은 은퇴자들이 적지 않았다. 전직이지만 고위공직자들이 북적거렸다. 내 깜냥에 못 미치겠지만 서예를 열심히 지도했다. 보람도 있었다. 그러나 한문이 문제였다. 서예와 한문은 사촌 관계쯤 된다. 한문 공부를 하기 위해 성균관대(成均館大) 야간강좌에 등록하여 유학

대학(儒學大學)에서 고전(古典)을 공부했다. 그 과정에서 자연스레 소동파(蘇東坡)를 만나게 되었다. 당송(唐宋)대에 걸쳐 중국을 대표하는 문장가인 그는 적벽부(赤壁賦)로 유명했다.

그렇게 시간이 흐르는 사이에 변화가 생겼다. 이사를 해야 하는 번거로운 일이 벌어졌다. 서책(書冊)이며 지필묵(紙筆墨)하며 옮겨야 할 짐이 만만치 않았다. 더욱더 고민인 것은 수집해 놓은 벼루 때문이었다.

70이라는 적지 않은 나이에 이사 날을 앞두고 걱정이 태산 같았다. 고층에 위치한 좁은 아파트에 서울 도심 복판이라는 게 정신을 사납게 했다. 그러나 막상 와 보니 초기의 우려와는 달리 장점도 있어 쉽게 적응이 되었다.

33평이라는 공간은 두 식구가 살기에는 그다지 불편이 없었다. 방 세 개 중에 큰방 하나를 내 공간으로 정했다. 일곱 평이 됨직한 방에 서예 작업실 겸 서재를 꾸미니 뒤숭숭하던 마음도 차츰 안정이 되었다. 18층에서 내다보는 전망은 가히 장관(壯觀)이다. 종묘, 창경궁, 창덕궁 등의 고궁이 그렇고, 멀리 보이는 북한산이 마음에 들었다. 꽃이 피고 새가 우는 봄이 지나면 신록이 우거져 마음을 평화롭게 하는 고궁, 오색의 단풍인가 하면 포근한 설경(雪景)이 동심(童心)으로 돌아가게 했다. 어쩌다 청명한 날에는 백운대를 주봉(主峰)으로 한 북한산이 인수봉과 만경대를 껴안은 채 불변의 자세를 과시하는 듯했다.

그렇게 6~7년의 세월이 흘렀다. 나는 시서화(詩書畵)에 몰두했다. 이사한 이후로 남을 지도하는 일에는 손을 떼고 독학으로 일관했다.

　학문과 예술은 끝이 없다, 죽는 날이 끝이다, 라는 게 내 소신이었다. 이사 올 때 한 트럭분의 서책 속에 추사가 오고 동파도 따라왔다. 소동파의 적벽부는 당대 유명 서예가들의 각기 다른 필체로 쓰인 법첩(法帖)이 있다. 그 여러 서첩(書帖)을 돌아가며 셀 수 없이 쓰기를 반복했다. 아침인가 하면 점심때였다. 그렇게 시간이 가는 줄도 몰랐다.

　《사서삼경(四書 三經)》은 유교(儒敎)의 기본 경전(經典)이다. 그중에 《논어(論語)》는 유교의 성경(聖經)이라 할 수 있다. "세한연후지송백지후조(歲寒然後知松柏之後凋)"는 공자의 말씀이다. 논어에 나오는 구절이다. 겨울이 되어야 소나무와 잣나무가 시들지 않는다는 것을 알게 된다는 말이다. 유불리(有不利)를 가려 처세하는 세상의 인심과 인간의 됨됨을 말한 것이겠다. 정승집개가 죽으면 문상객(問喪客)이 문전성시(門前成市)를 이루지만 정작 정승이 죽었을 때는 파리를 날린다, 는 속담처럼 권력이 있을 때는 누가 내 사람인지 알 수 없으나, 추풍낙엽(秋風落葉)의 처지가 되고 보면 비로소 진정한 내 사람을 알게 된다는 말을 빗댄 말이다.

이렇게 비유한 송백(松柏)은 이상적(李尙迪)이다. 그가 없으면 세한도도 없고 김정희(金正喜)도 없다. 이상적은 역관(譯官)의 벼슬로 김정희와는 사제(師弟)의 관계였다. 스승의 정을 저버릴 수 없어 유배(流配)의 신세가 된 스승을 찾아 수 천리 바닷길을 오가며 추사(秋史) 김정희를 만났다. 역관은 지금의 외교관이다. 그는 자신의 지위를 이용하여 세상물정도 전하고 귀한 서책(書冊)도 당시의 권세가에게 바치는 대신 고독을 일삼고 계실 스승에게 전했다. 독서광인 김정희는 감동하였다. 그런 이상적에게 감사의 표시로 공자의 말씀 세한(歲寒)으로 시작되는 두 글자를 상징하여 그림으로 그려 보답한 것이다. 국보 180호 세한도가 탄생하는 순간이다.

이상적과의 관계는 여기서 끝이 아니었다. 그 그림을 중국으로 가져가 당대 최고 문인들에게 보이고 감상문을 받아 오기에 이르렀다. 오늘날 세한도가 세계적 보물로 전해오는 것은 오직 이상적의 공이라 할 것이다.

인간은 늘 관계 속의 존재인 듯하다. 천하의 보물 세한도도 김정희와 이상적의 관계 속에서 태어난 것이고, 소동파의 적벽부도 어느 탁월한 전수자에 의해 전해졌을 것이다.

추사나 동파를 속속들이 알 수는 없다. 그러나 소동파가 중국을 대표하는 문장가임은 주지의 사실이고, 추사는 우리 한국이 낳은 미증유(未曾有)의 세계적 학자라는 것과, 동양 서예사(書藝史)를 뛰어넘는 서체를 발명, 위대한 예술가로 우뚝 서게 된 분임은 틀림없다.

저무는 한 해에 김정희와 세한도를 떠올린다. 외딴섬 제주에서 귀양살이를 하는 노학자(老學者)의 슬픈 심정이 세한도를 통하여 세상인심을 물어보는 듯하다. 겨울이 와도 변하지 않는 소나무와 잣나무 같은 사람은 어디에 있느냐고….

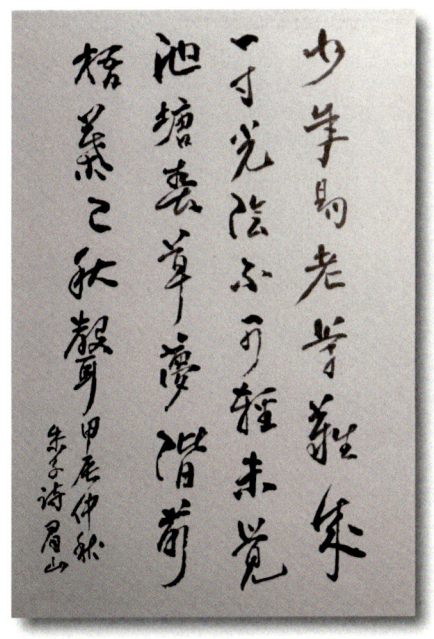

만종(晚鐘)

　젊은 시절 나는 이따금 이발소에 들리곤 했다. 가지런히 놓인 이발용 의자에 앉으면 장식용으로 걸려있는 그림이 자연스럽게 눈에 들어왔다. 풍년을 구가(謳歌)하는 시골 풍경이나 다산(多産)과 행운을 의미하는 돼지 그림이 있었다. 또 있었다. 밀레의 〈만종(晚鐘)〉이었다.

　어미돼지가 새끼들에게 젖을 물리고 누워있는 모습은 언제 보아도 마음을 푸근하게 했다. 헌신적인 어미의 사랑과 함께 다산과 행운의 의미를 느낄 수 있어서였다. 그러나 밀레의 〈만종〉에서는 그림 자체가 얼른 파악되지 않아 그냥 지나치기 일쑤였다. 굳이 의미를 두자면, 그저 평범한 농부가 가을의 수확을 감사하는 뜻으로 보였고, 십자가를 보면 교회의 종소리가 들리는 저녁나절쯤이 아닐까 하는 정도였다.

　20대 초 청년 시절 대구에서 군대 생활을 했다. 대구하면 당시 경북도청 소재지며 6·25전쟁 때는 임시수도의 역할과 함께 교육도시로도 알려져 있었다. 나는 공군으로 복무하면서 고단한 졸병 생활에 위안을 찾고자 이따금 교회에 나간 일이 있었다. 구세군(救世軍)교회였다.

　내가 출석하던 구세군교회는 기독교 개신교의 한 종파였다. 그 교파의 특성은 군대 조직과 흡사했다. 교리는 일반개신교와 별반 다를 바 없었지만, 목회자는 구세군사관학교라는 교육기관을 거쳐 양성되었고, 명칭은 사관이라 했다. 교회를 배정받아 부임하려면, 같은 과정을 거친 남녀의 결혼이 성사된 연후 비로소 목회 활동이 시작되는 것으로 알려져 있다. 아무튼 나는 이곳에서 신앙을 일구는 교회 생활이 시작되었고, 헌신적인 여성 신도들이 있어 고달픈 마음을 달래는 안식처이기도 했다.

당시 여성 신도들은 중년이나 노년층이 대부분이었고 또래의 여신도 여럿 있었다. 그런 여신도 중에 초등학교 교사, 여대생, 교회부속 보육원 교사도 있었다. 그중에 유독 내게 친절했던 K라는 신도가 있었다. 그녀는 나와 동갑내기로 함흥이 고향인 실향민이라 했다. 매사 적극적이고 음악에 대한 소양도 있어 돋보였다. 그녀와 나는 성가대 지휘자와 대원의 관계로 날로 친밀감이 더해갔다. 그의 지휘봉이 나를 향해 꽂을 때는 감정이 달라지기도 했다. 그녀와의 접촉이 빈번해지면서부터 어쩌다 여가가 있어 외출하면 동촌유원지, 수성못, 인근 포도밭엘 함께 거닐곤 했다. 마냥 행복한 시간이었다.

이따금 음악 감상실도 함께 출입했다. 동성로에 있던 '하이마이트'라는 음악 감상실은 다른 곳과는 달리 클래식이 전문이었다. 그와 같이 음악 감상을 하며 깊은 상념에 잠기기도 했다. 음악처럼 사람의 감성을 순화시켜주는 것이 또 무엇이 있겠는가. 좋은 음악을 들으면 잡념이 사라지고 가슴 가득 행복과 평화가 차오름을 맛보게 한다. 음악은 가히 만국의 공용어이자 평화의 언어라 할 수 있다. 교회 가는 날이 즐거웠다. 그녀를 만난다는 생각에 이르면 가슴이 뛰었다.

그러던 어느 날 그녀가 곧 결혼할 것이라는 충격적인 소식이 들려왔다. 소식을 전해 준 사람은 같은 보육원 동료 교사 J라는 여신도였다. 순간 둔기로 얻어맞은 기분이었다. 간간이 듣던 말이 있어 짐작은 했지만 그것이 이렇게 현실이 될 줄이야. 이것이 말로만 듣던 실연이란 말인가? 나는 식음을 걸렀다. 애초부터 인연이 아님을 안 때는 한참 후의 일이었다. 그랬다. 세월이 약이라 했던가. 세월을 보내며 잊혀 가고 있었다.

그런 어느 날, 군복을 벗고 사회에 나와 분투노력하고 있을 때였다. 우연히 길가에서 당시 또래 교인이었던 W라는 여성을 만났다. 한세월이 흐르기는 했으나 모습은 여전히 살아 있었다. 순간 K의 안부가 궁금했다. 두어 차례 연락 끝에 들리는 소식이 서로가 만나지 않는 게 좋겠다는 전언이었다. 한때 가슴 졸이며 즐거워했던 추억을 훼손하기 싫었고, 나이든 모습을 본들 행복에 도움이 될 것인가 하는 사려 깊은 그녀의 마음에서였을 것이다.

세월이 흘러 신변에 변화가 왔다. 70대 중반을 넘고 보면 인생 후반전을 살고 있는 것이 확실하다. 그렇다면 무언가 준비가 필요하다고 생각되었다. 믿든 안 믿든 영혼관리는 신앙과 종교 말고 또 어디에서 찾겠는가. 기왕에 갖고 있던 개신교에서 천주교로 개종했다. 집이 가까워서 좋고 기도처로 안성맞춤이었다. 기도문이 많아서 좋기도 했다. 묵주기도가 좋고 삼종기도도 좋다. 이제는 사후의 문제도 그냥 그쪽으로 미루어 두고 있다.

밀레의 〈만종〉의 원래 이름은 '삼종기도'라 했다. 하루에 세 번 일과를 멈추고 종소리를 들으며 기도하는 것이다. 일출 무렵이나 정오에 잠시 쉬는 시간, 해 질 무렵 하루 일을 마치는 저녁 시간에 바치는 기도로, 종이 세 번 울릴 때 드리는 것이 기본이다. 그러니 그 의미가 자못 심장하지 않은가.

"만남에 대한 책임은 하늘에 있고,
관계에 대한 책임은 나에게 있다."

끝이 아름다운 사람

내 나이 70대 중반을 넘어 후반에 머물러있는 지금, 잠시 숨을 고른다. 지난날을 돌아보고, 지금은 어디쯤 와 있는지, 앞날의 삶은 어떤 모양이 될지, 종말에 임해서는 어떤 자세여야 할지를 정리하고자 깊은 생각과 함께 이글을 남기고자 한다.

사랑 속에 응석과 투정을 부리고, 순수한 철부지로 지내야 했을 10대가, 학대와 왕따, 비교와 차별은 얼마나 슬픈 일인가. 더군다나 그것으로 해서 평생을 정신장애로 살았다면 참으로 기막힌 일이 아닐 수 없다.

하지만 그것으로 해서 과거 어둡던 생각, 그 '트라우마'에 머물 수만은 없었다. 세상에 태어난 생명은 소중한 것이고, 귀하지 않은 인생은 없다는 것을, 어느 순간 깨달았기 때문이다. 그렇다. 인생은 소중하다. 한 번뿐인 인생은 행복해야 한다. 그것을 위해서는 싸워야 하고 쟁취해야 한다. 그래서 여기까지 왔다. 이 글을 쓰고 있는 자체가 행복이다.

'떠난 자리가 아름다워야 한다'는 말이 있다. 한순간의 앞도 모르는 게 인생 아닌가. 늘 임하는 일상을 최후의 날로 설정하며 사는 자세는 어떤가. 그렇게 하고 있다. 영혼문제는 따로 종교(천주교) 쪽으로 미루어 놓았다. 언제라도 '한평생 잘 살았노라.', '행복했노라' 하고 말하고 싶다.

"내가 가지고 떠날 것은 없다. 남기고 갈 것이 있는가를 살펴라.
끝이 아름다운 사람이 되고 싶다."

3장

물이 되는 꿈

정
작

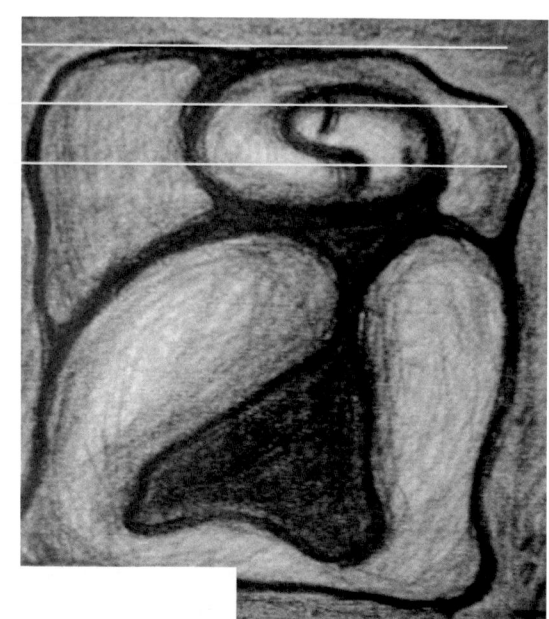

방송작가 겸 소설가.

오랜 시간 방송작가로, 틈틈이 소설을 쓰면서

어느덧 버킷리스트를 작성, 그 항목을 실행해가는

시간대에 여기 프로젝트에 참여하게 되었다.

한 편의 소설은 그 길이가 짧든 길든

인간에 대한 탐구이고

삶을 탐구하는 과정이며

세상에 질문을 던지는 예술형식이다.

다섯 편의 아주 짧은 소설 속 인물을 통해 삶

혹은 죽음에 대해 질문해본다.

물이 되는 꿈

    태양과 가장 가까이 위치한 행성인 '수성'에는 '하모니움'이라 불리는 단성생물체들이 산다. 하모니움은 단조로운 음악을 촉각으로 들으면서 살아가는데, 음악은 그들의 음식인 셈이다. 그들에게 성장이나 질병, 늙음, 그리고 죽음 같은 생명의 과정은 없다. 탄생과 삶만이 있다. 때문에 그들에게 배고픔이나 공포, 분노, 욕망, 질투, 야망 같은 것들은 무의미하다. 서로를 해칠 방법도 모르고 해칠 이유도 없다. 음악이 존재하는 한, 그들은 그 상태를 계속 유지한다. 그들에게 치명적인 것은 복잡하고 격한 음악이며 더 치명적인 것은 음악이 사라지는 것이다.

    하모니움들이 나누는 말은 단 두 마디.

"나 여기 있어."

"그래 반가워."

    아마 그녀가 꿈꾸는 유토피아일 터이다.

그녀는 사고가 난 급박한 지점에서 문득 누구에게인가 들은 수성에 사는 생물에 대한 생각에 사로잡힌다. 그녀와 그녀남편이 신호 정지선에서 주행신호를 기다리고 있는 참이었다. 누군가 뒤에서 그들의 차를 들이받고 중앙선을 넘어갔다. 그대로 죽을지도 모르는 순간이었다. 그런 순간에 그녀는 왜 그런 생각에 사로잡혔을까. 살아온 인생이나 회한 같은 것이 주마등처럼 몰려와야 하는 상황이 아닌가.

운전을 하던 그녀남편은 핸들에 머리를 들이박고 창문 밖으로 튕겨져 나갔다. 같은 시간 조수석에 앉아있던 그녀는 정신이 아뜩해져 무슨 말인가 중얼거렸다. '나, 여기 있어.' 누군가 대답했다. '그래, 반가워.' 그녀얼굴에 미소가 번졌다. 그리고 그녀는 정신을 잃었다.

외과병원 응급실, 혼미한 정신으로 깨어난 그녀는 자신이 살아있다는 사실에 아쉬움과 안도감을 동시에 느낀다. 안도감이라면 모를까 아쉬움이라니. 예상치 못한 일이다. 위험한 나이라는 십대 말이나 이십 대에도 자신을 파괴하려는 욕망에 한 번도 유혹받아본 적이 없던 그녀였다. 더러 자살을 꿈꾸거나 시도하는 친구를 위로하긴 했어도 결코 그들을 이해할 수는 없는 그녀였다. 어차피 한번은 죽을 것인데 그럴 필요가 있을까. 그런 그녀자신이 살아있다는 사실에 왜 아쉬움을 느끼는가 말이다.

그녀는 자신에게 일어난 변화에 당혹한다. 차가 부딪칠 때 그녀의 뇌 어느 부분이 손상됐거나 어떤 변화를 일으켰음이 분명하다. 그러나 그때 그녀는 정신을 놓지 않은 상태였다. 그러므로 뇌에 이상이 생긴 것은 아닌 것이다. 마지막이 될 지도 모르겠다는 그 순간에 자신도 모르게 그녀는 생에 대한 욕망을 놓아버린 것일까. 그렇다면 참사가 아닐 수 없다. 그녀자신 뚜렷한 생의 목표를 가지고 살아온 것은 아니지만, 또 기필코 이루어야만 할 꿈이 있는 것도 아니지만, 그녀는 사는 것이 나쁘지 않았다. 하루하루 전개되는 삶은 불편하면 불편한대로 기쁘면 기쁜 대로 편안했고 즐거웠다. 욕심도 목표도 없다는 것은 어찌 생각하면 한심한 노릇이지만, 삶이 간단해지는 지점이기도 하다. 어떤 것을 간절하게 원하거나 꿈꾸지 않기 때문에 사는 일이 그다지 힘들거나 괴롭지 않다는 의미이기도 하다.

그녀옆자리 침대에서 그녀남편이 그녀를 걱정스러운 듯 바라본다.

"이제 정신이 든 거야, 당신?"

그녀남편은 내내 그녀가 깨어나기만을 기다린 눈치다. 그녀는 마지못해 고개를 끄덕인다. 창문 밖으로 튕겨져 나간 그녀남편은 비교적 경미한 상처를 입었고 그녀는 이틀 동안 혼수상태였다고 한다. 머리와 다리에 타박상을 입었고 정밀검사를 해봐야겠지만 척추에 손상을 입은 것 같다면서 그녀남편은 조심스럽게 그녀의 상태를 설명한다. 자칫 마비가 올수도 있다는 말도 덧붙인다. 그녀는 남편의 말에 무심히 반응한다. 그녀는 자신이 아직 수성에 도착하지 않은 사실이 이상하게 느껴질 뿐이다. 다시 그 자리다.

이내 상황을 파악한 그녀, 애써 남편에게 미소 짓고는 다리를 움직여본다. 마비라는 말이 거슬려서이다. 느리긴 하지만 움직인다. 손을 들어 얼굴을 만져본다. 별다른 이상 징후가 느껴지지는 않는다. 그녀는 눈을 감았다 떠보고 숨을 들이 쉬었다 뱉고 입을 오므렸다 편다. 그녀는 상체를 일으킨다. 현기증이 났지만 몸 어디가 마비된 것 같지는 않다. 그녀는 안도감과 동시에 불안감을 느끼면서 길게 숨을 뱉는다.

꿈에 그녀는 하모니움이었다. 세상은 침묵했고 춥다는 생각이 들었고 몸 어딘가로 음악이 느껴졌다. 그녀는 주위를 둘러보았다. 오른쪽으로는 끝이 보이지 않는 사막이 펼쳐져 있고 왼쪽으로는 얼음산이 솟아있다. 사막과 빙산이 전부인 세상, 그러나 그지없이 평화로웠다. 배고픔도 외로움도 시기도 질투도 그 어떤 욕망도 느껴지지 않는 평화 그 자체가 몸으로 느껴졌다. 무엇보다 놀라운 것은 그녀자신이 균형감을 가진 존재라는 확신이 든다는 점이었다. 그녀에겐 최초의 경험이었다. 어딘지 늘 불안한 그녀였다. 어쩌면 자신의 불안감을 감추려고 아무런 욕망을 지니지 않는 사람처럼 행동한 것인지도 몰랐다. 자신도 잘 알지 못했지만 마침내 고향에 돌아온 느낌이었다.

그녀는 음악에 몸을 맡겼다. 몸이 흐느적거렸고 한없이 가벼웠다. 그녀는 음악에 맞춰 허공 속을 유영했다. 격하지도 지루하지도 않는 클래식에 가까운 선율이 끊임없이 이어지고 있었다. 참 기분 좋은 비상의 연속이었다. 그러다 눈을 뜬 것이다. 아무것도 변하지 않은 자리에 자신이 있었다. 그녀는 단번에 시무룩해진다.

그녀는 정밀검사를 받는다. 한동안 그녀를 신뢰하지 못한 게 미안해서일까. 그녀남편은 그녀에게 매우 친절하다. 한쪽다리뼈가 부러져

깁스를 한 것을 제외하고 얼굴과 어깨에 약간의 타박상을 입은 그녀남편은 비교적 행동이 자유로워 보인다. 다행이다.

그녀의 척추 안에 종양이 생겨 몸의 일부가 마비될 수 있으므로 빠른 시간 안에 수술을 해야 한다는 진단이 나왔다. 교통사고와는 별개의 문제란다. 그녀는 몇 년째 허리디스크 때문에 일도 멈춘 채 치료를 받았고 병증은 호전되었다. 다만 오랫동안 앉아있거나 서 있는 게 불편한 정도라서 면역력이 떨어져서 그러겠거니 생각하며 건강에 관해서는 마음을 놓고 있던 참이었다. 그녀 곁에서 의사의 설명을 들은 그녀남편은 사고가 오히려 전화위복이 되었다며 그녀를 위로한다.

종양이 이 정도 크기면 거동이 불편할 뿐만 아니라 굉장한 통증이 있었을 텐데, 이상한 일이라면서 의사는 말한다. 본인은 느끼지 못할지 몰라도 손이나 발은 이미 마비증상이 진행되고 있다고 한다. 의사의 말을 들으면서 그녀는 누구보다 예민하다고 생각한 자신이 이렇게 둔감할 수도 있었다는 사실에 놀란다.

수술일정은 긴급하게 잡혀졌다. 정형외과에서 종합병원으로 옮겨졌다.

그녀는 곧잘 잠이 들곤 한다. 그동안 잠을 못 이루던 것을 벌충이라도 하려는 듯. 잠이 들었고 잠이 들면 그녀는 완전한 평화를 느꼈다. 꿈에 그녀는 하모니움이었다. 깨고 싶지 않았다.

"여보, 일어나!"

그녀남편은 잠든 그녀를 흔들어 깨우곤 했다. 그녀는 귀찮은 생각이 들었다.

"죽은 것도 아닌데 날 좀 내버려 둬."

그녀는 신경질을 부렸다. 신경질은 점차 포악해졌다. 그녀남편은 그런 그녀를 어색하게 쳐다보곤 했다. 불면증을 호소할 정도로 잠을 잘 못 자던 그녀였는데, 이젠 잠만 자는 것이 더 걱정스러운 것이다. 자신의 몸이 불편하면 어떻게 해달라고 아이처럼 조르던 그녀가 아닌가. 그녀는 누군가의 관심을 받지 못하거나 누군가 보살펴주지 않으면 잘 지내지 못하는 성격이다. 때문에 그녀남편은 자신을 머슴이라고 칭하면서 자진해서 그녀의 시중을 들었다. 때로 그녀남편이 변할까봐 노심초사하고 간혹 무심하기라도 할라치면 사고를 쳐서라도 자신에게 관심을 유도하는 그녀였다. 아무리 생각해도 그녀남편은 그녀의 변화가 낯설고 두렵다.

"어디 불편한데는 없어? 다리 주물러줄까?"

"아니, 그냥 날 자게 내버려 둬. 자꾸 잠이 온단 말이야."

그녀는 남편이 자신을 깨우면 신경질을 부리다가 잠이 들면 이내 평온해진다. 갓 태어난 아이처럼 그녀는 깨우지 않으면 하루고 이틀이고 잠을 잔다. 급기야 각성제 처방이 내려지고 그녀는 잠시 깨어있다 또다시 잠 속으로 빠져들기를 반복했다.

여섯 시간의 긴 수술을 받고 중환자실로 옮겨진 그녀, 여전히 잠을 자고 있다.

다음날, 눈을 한 번 떴다 감은 것을 마지막으로 그녀의 눈은 계속

감겨 있다.

그녀는 또 다른 검사를 받기 위해 사물처럼 움직인다. 잠들어 있기 때문에 자신이 어떤 검사를 받고 있는지 그녀는 알지 못한다. 그녀남편은 그녀 곁을 떠나지 않는다.

담당의사는 그녀의 경우는 아주 희귀한 예로, 마취 후유증은 아니며, 언제 깨어날지 알 수 없으니까 가끔 각성제를 처방해야겠다면서 다소 무책임하게 말한다. 그녀남편이 불신의 눈으로 의사를 보자 자신들도 더 지켜봐야 한다면서 어깨를 으쓱하고는 병실을 떠나버린다.

그녀는 1인병실로 옮겨진다. 그녀남편은 그녀에게 음악을 틀어주고 손과 발을 주무르면서 무슨 말인가를 계속하여 건넨다. 끊임없이 자극을 주고 무슨 소리를 들려주어야 잠에서 깨어날 수 있다는 얘기를 어디선가 들었기 때문이다. 그녀는 여전히 살짝 입가에 미소를 머금고 잠들어 있다.

그녀는 하모니움이다. 사막을 질러 빙산 아래에 이르자 계곡 같은 구조의 공간에 맑은 물이 흐르고 있다. 그녀는 물속에 발을 담근다. 물이 차갑다. 소름이 돋는다. 몸을 부르르 떤 그녀는 숨을 깊게 쉬고는 물 속 깊이 잠수한다. 단조롭지만 편안한 음악이 흐른다. 그녀의 촉각이 살아난다. 몸이 열린다. 그녀는 온몸의 촉수를 세워 물속을 유영한다. 그녀는 물이 된다. 물은 춤추듯 흘러 다닌다. 지구에서의 기억은 잘 떠오르지 않는다. 간혹 그곳의 음악과는 다른 격한 선율이 어디선가 끼어들면 그녀는 움찔 몸을 비틀거나 눈살을 찌푸린다. 그러면 그녀남편은 음악의 볼륨을 낮추고 그녀를 흔들어 깨운다. 격한 선율이 사라지자 그녀는 다시 평온을 되찾고 그녀남편은 절망감에 빠진다.

그렇게 두 달을 잠들어 있던 어느 날, 그녀는 눈을 뜬다. 강한 비트조의 음악이 그녀를 덮쳤기 때문이다. 날카로운 그 음악은 그녀의 잠을 깼고 그녀는 몸이 부서지는 듯한 아픔을 느꼈다. 고통으로 얼굴이 일그러진 채 온몸을 비틀댔다.

그녀가 눈을 뜨자 그녀남편은 흥분에 차 소리 지른다.

"여보, 깼어? 깼구나, 감사합니다, 감사합니다."

그녀남편의 눈에 눈물이 고인다. 그녀는 남편을 멀뚱히 쳐다볼 뿐 미동이 없다. 남편의 소리가 신경에 거슬린다. 음악소리가 짜증스럽다. 소리는 그녀 몸을 짓누르며 통증을 유발한다. 그녀는 온몸에 힘을 모아 큰소리로 말한다.

"좀 조용히 해 줄래? 그리고 그 음악 좀 꺼."

"알았어."

병실이 이내 고요해진다. 그녀는 다시 눈을 감는다.

몬스터, 콜카 계곡을 지나다

 서른다섯 쯤 되면 그 사람이 여자든 남자든 최소한 인간이 되어야 한다고, 인간의 길을 가야 한다고 흔히들 말한다. 그 말엔 괴물은 되지 말아야 한다는 뜻이 함축되어 있다.
 그러나 그녀는 자신이 인간이라기보다는 괴물이라는 생각에서 벗어나지 못한다. 자신 안에 한 마리 이상의 야생동물이 살고 있는 것 같기 때문이다. 그런 확신이 든 건 그녀 나이 일곱 살 무렵, 그녀가 사 킬로미터를 걸어서 두 개의 산을 넘고 두 개의 저수지를 지나 닿았던 초등학교에 다닐 무렵이었다. 또래 아이들에 비해 한 살이나 두 살이 어린 그녀는 수업이 끝나면 먼 길을 걸어 집으로 오곤 했다. 길은 한산했고 그녀는 그 길을 걷거나 달렸다.
 어느 봄, 운동회가 끝나고 환경정리 마무리를 하느라 어린그녀는 혼자 남았다. 오후 네 시 혹은 다섯 시. 어린그녀는 비어있는 운동장을 가로질러 교문을 등지고 집으로 향했다. 첫 번째 저수지를 지나 산

밑을 돌고 있을 때였다. 누군가 어린그녀에게 다가왔다. 어른남자였다. 얼핏 선한 얼굴과 착한 눈빛을 가진 어른남자는 흰 이를 드러내 웃으면서 어린그녀에게 길을 물었다. 이곳으로 가면 그곳에 닿을 수 있니? 그곳요? 그래, 세상 끝. 어린그녀는 세상 끝을 짐작할 수도 상상할 수도 없었다. 세상 끝? 그런 곳이 있나요? 그러엄! 어른남자는 거침없이 말했다. 어린그녀는 어른남자의 단호하면서도 확신에 찬 말에 그 순간 신뢰감이 들었다. 그런 곳이 있을지도 몰라. 그곳이 어디죠? 좋은 곳인가요? 그러엄, 날 따라오면 알 수 있지. 어른남자는 어린그녀의 작은 손을 조심스럽게 잡고 산 밑으로 갔다. 한참을 어른남자를 따라가던 어린그녀는 문득 낯선 사람을 조심하라던 엄마의 말을 떠올렸다. 어린그녀는 잡힌 손을 빼려 했다. 그러나 어른남자의 손은 완강했다. 어린그녀가 힘을 줄수록 어른남자 손의 악력은 더 강해졌고 어린그녀의 작은 손은 점차 굳어갔다. 두려움이 몰려왔다. 어린그녀는 속으로 되뇌었다. 이 사람을 지나면 난 곧 집에 닿을 수 있어, 저수지와 산 하나만 지나면 집이니까.

어른남자는 어린그녀를 그의 무릎에 부드럽지만 완강한 힘으로 앉혔다. 그러고는 만 원짜리 지폐를 어린그녀의 눈앞에서 흔들었다. 어린그녀는 어리둥절했다. 어른남자는 이사할 때 흔히들 끼는 하얀 면장갑을 끼고 있었다. 어린그녀는 소리를 질렀다. 면장갑이 어린그녀의 입술을 덮었다. 어린그녀는 무슨 말인가를 계속해서 질러댔다. 어린그녀의 소리는 저수지를 가로지르는 바람소리에 힘없이 묻혔다. 주위를 둘러봐도 아무도 없었다. 왈칵 공포감이 몰려왔다. 어디선가 새들이 지저귀는 소리가 들렸다. 새들은 어린그녀를 돕지 못할 터였다. 순간, 어린그녀는 죽음이라는 단어를 떠올렸다. 죽음이 어린그녀에게 손짓하는 것 같았다. 할아버지가 깊은 잠에 빠져 다시 눈을 뜨지 않자 사람들은 할아버지가 죽었다고 말했다. 할아버지는 다시 눈을 뜨지 않을 거라고 했다. 어린그녀는 눈을 질끈 감았다. 바닥에서 돌멩이가 잡혔다. 그것들 중 가장 큰 것으로 짐작되는 것을 움켜쥐었다. 두렵거나 인정하기 싫은 상황이 되면 그녀는 지금도 눈을 질끈 감는다. 곧 지나갈 거야. 그리고 얼마간 기다리면 그야말로 상황은 종료되어 있었다.

 면장갑이 어린그녀 팬티 속으로 들어왔다. 그것의 감촉은 까칠했고 그 동작은 미끌거렸다. 어린그녀는 눈을 질끈 감은 채 아무런 행동도 취하지 않았다. 정지. 어린그녀 하얀 속옷 속에서 면장갑이 부르르 떨더니 곧바로 어른남자가 경련을 일으켰다. 남자에게서 약냄새가 풍겼다. 머릿속이 핑 돌았고 속이 울렁거렸다.

 어린그녀가 눈을 뜨고 깊은 숨을 내뱉었을 때 면장갑이 속옷에서 나왔고 동시에 어른남자가 뒤로 넘어졌다. 이상한 일이었다. 어린그녀는 감았던 눈만 떴을 뿐 아무런 행동을 취하지 않았는데 말이다. 노을이 저수지 수면으로 내려앉고 있었다. 이곳이 세상 끝인가. 어린그녀는 두려웠다. 어떤 힘이 어린그녀를 움직였는지는 알 수 없었다. 무언가 가슴 속에서 뜨거운 기운이 올라왔고 어린그녀는 손에 쥔 돌멩이를 어른남자의 머리통을 향해 던졌다. 어른남자가 꿈틀대더니 이내 잠잠해졌다. 이때다 싶어 어린그녀는 달음박질을 쳤다. 두려움이 점차 사라지면서 자신 안에 무언가 힘세고 거대한 존재가 있다는 사실을 어린그녀는 깨달았다. 어른남자가 죽었을지도 모른다는 생각이 든 건 어린그녀가 집에 막 도착하여 대문을 걸어 잠근 뒤였다.

다음 날, 어떤 남자가 저수지 밑에서 약을 먹고 자살했다는 얘기로 온 마을이 뒤숭숭했다. 경찰들이 저수지 근처에서 무언가 조사를 했고 집집마다 방문해 죽은 남자에 대해 물었다. 어린그녀는 어쩌면 자신이 그 남자를 죽였을지도 모른다고 생각했다. 그러나 그 누구에게도 그것에 대해서 말하지 않았다. 자신 안에 사는 존재하고만 은밀하게 말했다. 더 이상 세상이 두렵거나 어른남자가 무섭지 않았다. 자신 안에는 그들보다 더 크고 힘센 괴물이 살고 있기 때문에. 참 든든한 일이었다.

오늘, 그녀는 페루의 한 광장에 서 있다. 길을 잃었고 함께 온 일행과도 엇갈렸다.

여행을 가든 일 때문에 가든 페루에 가면 도둑을 조심하라던 주위 사람들의 조언을 그녀가 무시한 건 아니었다. 그곳이 어디든 사람 사는 곳인데 죽기야 하겠는가 싶었던 것이다. 그렇지만 만일을 대비해 그녀는 자신의 짐을 정리하고 집안도 구석구석 청소하고 유언장까지 써놓고 이곳에 온 참이었다. 페루에서 아마존으로 들어가 밀림에 사는 부족을 취재하기 위한 한 달여의 일정이었다. 다소 위험한 일정이었지만 십여 개월을 백수로 지낸 그녀는 이일저일 가릴 처지가 아니었다. 게다가 그곳이 밀림이며 아마존이라는 사실에 강한 끌림과 흥분을 느낀 그녀는 서둘러 그 일에 합류했다.

그녀 일행이 페루에 도착하자마자 아마존으로 가는 길은 지연되고 말았다.

그녀는 자신이 사는 곳의 반대편에 도착했다는 사실이 믿기지 않는다. 멀리 왔다고 해서 크게 다를 것은 없으리라. 그녀는 방금 배낭을 잃어버렸다. 배낭 속엔 한 달 동안 밀림에서 지낼 일용품과 옷가지, 비상약 등이 들어있다. 과민성대장증후군을 앓는 그녀는 공항에 내리자마자 화장실로 내달렸다. 네 사람의 일행 중 여자는 그녀 혼자였고 자신의 장이 문제가 있다는 걸 말하는 것이 여의치 않은 그녀는 이것저것 따질 새 없이 화장실상징물을 보고 달렸던 것이다.

배낭과 옆 가방을 들고 들어가기에 화장실은 비좁았다. 그녀가 화장실 바로 앞에 배낭을 두고 일을 보고 있을 때 누군가 그녀의 배낭을 끌어갔다. 한창 일을 보는 중이라서 곧바로 나올 수 없던 그녀는 배낭 한 쪽 끈을 힘껏 잡아 당겼다. 역부족이었다. 그녀는 황급히 화장지로 뒤를 마무리하고 물을 내린 뒤 밖으로 나왔다. 배낭의 한쪽 끈을 잡은 손바닥의 느낌이 아직도 선연하다. 둘러봐도 배낭의 흔적은 없었다. 그녀 배낭 비슷한 걸 들고 가는 사람도 없었다. 낭패였다. 눈을 한 번 질끈 감은 그녀는 이내 침착해진다.

그녀는 마음이 가는 대로 도둑의 행로를 뒤따라가기로 한다. 얼마나 걸었을까. 그녀는 길을 잃고 말았다. 일행들과의 거리도 가늠이 되지 않는다. 어느덧 거리에는 어둠이 내리고 있었다. 오늘 도착했기 때문에 일행들과 전화도 되지 않는다. 그녀는 어딘가 하룻밤 쉴 곳을 찾기로 한다. 페루에서 하룻밤을 묵고 밀림으로 들어갈 예정이니까 내일아침이 되면 무슨 방법을 찾을 것이다.

어디선가 크고 검은 물체들이 그녀 주위를 감싼다. 독수리 떼였다. 그녀는 전율을 느낀다. 사람을 무서워하지 않는 검은 새들은 그녀 머리 위를 빙빙 돈다. 순간 그녀는 면장갑의 까칠한 감촉과 두려움을 기억하고 눈을 질끈 감는다. 독수리들이 그녀를 지나 어둠 속 어딘가로 날아간다.

눈을 뜨고 독수리 떼의 행로를 좇고 있는 그녀, 자신 앞에 멈춘 버스에 오른다. 버스 안은 수런거린다. 모임이나 축제라도 참가하러 가는 길일까. 제법 화려한 무늬의 의상을 입고 어딘지 흥분되어 술렁이는 승객들이 그녀에게 미소 짓는다. 어떤 사람은 얼굴이 불그레해져 노래를 흥얼거리고 어떤 사람은 그녀에게 악수를 청한다. 그녀는 악수를 거부하고 마지못해 얼굴에 미소를 새긴다. 승객들의 차림새는 십년 혹은 이십년 전의 스타일로 대체로 촌스럽다. 민속의상을 걸친 사람이 있는가하면 짙은 화장에 장신구를 하고 화려한 색의 드레스로 멋을 부린 사람도 있고 큰 모자를 눌러쓴 사람도 있다. 그들에게선 하나같이 어떤 황홀감과 행복감 같은 게 느껴진다. 그녀는 자신이 참 멀리 왔다는 생각을 하면서 긴장을 풀려고 노력한다. 한눈에 봐도 이방

인이 분명한 그녀에게 승객들의 시선이 쏠려있기 때문이다.

버스가 사막을 지나고 있다. 검다. 갈증이 밀려온다. 그녀는 생수를 병째 마시고 손바닥에 적셔 얼굴을 문지른다.

두 시간쯤 달린 그녀는 버스에서 내린다.

먼 곳을 바라보던 그녀, 눈을 질끈 감았다 뜬다. 어떻게 이곳까지 왔을까. 말로만 듣던 아레키파 사막에 자신이 서 있다. 멀리 검고 푸른 기운의 계곡이 보인다. 그녀는 사막 끝을 향해 걷는다. 풀 한포기 나무 한 그루 보이지 않는다.

다소 지친 그녀, 사막의 끝에 이른다. 그러자 거짓말처럼 그녀 앞에 숲이 나타난다.

꿈을 꾸고 있는 건 아닐까 생각하는 그녀, 다시 눈을 질끈 감았다 뜬다. 숲 뒤에는 산이 있고 산 아래로 마을도 보인다. 그녀는 마을을 향해 걷는다. 돌로 만들어진 집들 너머 산꼭대기에는 칸칸이 밭이 도열해 있다. 계단식 밭인 그곳에는 농작물이 싹을 틔우고 있다. 그녀는 가쁜 숨을 쉬면서 이곳이 고원지대라는 사실을 기억해낸다. 치마를 겹쳐 입은 여자들이 그녀 곁을 지나간다. 그녀에게 미소를 보내는 것도 잊지 않는다. 얼떨결에 그녀도 여자들에게 미소를 짓는다. 그러자 자신이 너무 멀리 와 길을 잃었다는 사실이 더 이상 두렵지 않다.

그녀는 마을로 가는 것을 미루고 숲으로 향한다.

지구에서 가장 깊은 계곡이라는 콜카 계곡입구에 그녀가 서 있다. 계곡의 끝에 강이 흐르고 있다. 그녀는 깊은 숨을 몰아쉬고는 계곡을 내려다본다. 순간 그녀는 그 심연으로 뛰어내리고 싶은 충동에 사로잡힌다. 그때였다. 독수리 떼가 그녀주위를 에워싼다. 그녀는 새들을 향해 손을 뻗는다. 길에서 만난 독수리들보다 더 거친 깃털과 광기 어린 눈을 가졌다. 야생의 흔적들. 그녀는 잃어버린 기억을 되찾은 사람처럼 고개를 끄덕이면서 안도한다.

그녀는 독수리들이 날아간 곳을 따라 계속 걷는다. 어쩌면 그곳이 세상 끝일지도 모른다고 생각하면서. 그녀 안의 괴물 또한 그녀를 따라 걷는다.

반품

싸움의 시작은 뜻밖의 곳에서 뜻밖의 시간에 일어났다. 누구보다 싸움을 싫어하는 그녀였다. 아니 그녀는 싸우는 방법을 몰랐다. 때문에 그녀에게는 승리와 패배에 대한 개념이 없다. 억울한 상황에 처해도 대체로 당하거나 피하는 그녀는 말하자면 평화주의자다. 그러나 삶이 어디 평화만을 허락하는가.

더위 때문에 사람들이 죽음에 이르기까지 하는 살인적인 날씨의 연속이었다. 실제로 사람들이 죽었다는 보도도 있었다. 미디어나 기상청에서는 백 년만의 폭염이라며 더위를 극복하는 방법에 대해 떠들었고 그녀로서도 생전 처음 경험하는 무더운 여름이었다. 게다가 비 한 번 내리지 않았다. 문제의 시작은 벽걸이 에어컨. 더운 바람이 나왔다. 삼 일을 전화한 끝에 연결된 서비스센터직원은 가스가 떨어졌기 때문일 거라면서 서비스할 기기가 많아 일주일에서 열흘 후에나 직원이 방문할 거라 했다. 다한증이 심한 그녀는 특히 여름만 되면 일상생활이 불편했다. 시도 때도 없이 솟아나는 땀 때문에 바느질은 물론이고 가게를 여는 것조차 힘든 상황이었다.

가게 안쪽으로 합판을 대어 작업실을 겸해서 숙식을 해결하던 그녀는 같은 건물 탑층에 방이 나와 지난봄에 이곳으로 이사를 했었다. 그 여름, 같은 건물 옥탑에 살던 남자는 그녀에게 격하게 항의했다. 실외기를 옥상에 설치하면 여기 사는 사람은 그 소리와 열기로 인한 스트레스로 살 수가 없다, 조처를 취하지 않으면 실외기를 뜯어버리겠다, 협박을 하기까지 했다. 오십대 초반으로 보이는 옥탑남자는 한눈에 봐도 사업에 실패한 사람처럼 느껴졌고 삶이나 세상에 대해 원한이 많아 보였다. 평화주의자인 그녀는 옥탑남자와의 부딪침을 피했다. 죄송하다, 옥탑에 사람이 사는 줄 몰랐다며 그를 보내고 그녀는 지난여름 한 번도 에어컨을 틀지 않았다.

그렇게 일 년이 지났고 다시 여름이 된 것이다. 살인적인 더위에 참을 수 없는 지경이 된 그녀는 에어컨을 틀었다. 실외기는 그녀 방의 창문에 설치했으므로 옥탑남자와 부딪치는 일은 없을 것이었다. 그런데 에어컨에서는 더운 바람이 나오고 수리공은 열흘 쯤 후에나 올 수 있다는 것이다. 참고 기다리는 일만 남았다. 참고 기다리는 것은 그녀의 재능 중에 하나였다. 다만 손과 발에 물집이 생긴 후부터 동반되는 극심한 가려움은 그녀도 참기 어려웠다. 더러 터진 물집에서는 피가 배어나오기도 했다.

피부과를 다니고 물집이 터져 껍질이 벗겨질 즈음 에어컨수리공의 전화가 왔다.

"설치를 다시 해야 할 것 같아요. 에어컨본체엔 문제가 없는 것 같은데, 가스가 새는 걸 보면 배관문제인 것 같거든요. 이런 경우 설치를 다시 해야 가스가 또 새는 일이 없게 되는데, 우선 가스를 채워놨으니까 며칠 지내보시고 문제가 생기면 다시 연락주세요."

열흘을 기다린 것에 비한다면 십 분도 걸리지 않은 수리였다. 수리공은 밀린 곳이 많다면서 서둘러 떠났다.

그러나 에어컨은 하루가 지나지 않아 또다시 더운 바람을 내뿜었고 창문 앞에 놓인 실외기에서는 덜컥거리는 소리를 질러댔다. 그녀는 삼일을 전화한 끝에 겨우 서비스센터직원과 통화를 할 수 있었고 일주일 후에나 수리공이 방문할 거라는 말을 듣고 전화를 끊어야 했다. 중복이 지났지만 더위는 수그러들 줄을 몰랐다. 그녀는 다한증과 습진으로 시름하면서 빈번히 손발을 씻고 긁어대느라 잠을 자지도 못했다. 게다가 열대야와 낮 동안 데워진 옥상층의 열기는 다음날 아침까지도 가시지를 않았다. 편한 의자 하나가 필요했다. 공간이 좁기 때문에 소파보다는 간이침대를 겸한 의자면 좋을 성 싶었다. 작은 공간이나 혼자 사는 사람들을 위한 상품의 종류는 그리 다양하지 않아서 백화점이나 가구점, 중고가구점을 뒤져도 그녀가 원하는 의자는 찾을 수 없었다. 그녀는 손바닥과 손가락의 물집 부분이 무엇엔가 살짝 닿기만 해도 아리고 쓰린 것을 참으면서 인터넷검색을 했다. 삼일 동안 인터넷쇼핑몰을 뒤진 끝에 아쉬운 대로 그녀가 원하는 물건을 찾을 수 있었다. 주문을 하고 결제를 마친 그녀는 땀에 젖은 손과 발을 긁어댔다. 물집이 터졌고 껍질이 벗겨졌다. 손바닥과 발바닥은 예민해질 대로 예민해져서 바느질은 물론이고 작은 물건을 들 수도 없었으며 발을 바닥에 대면 비명을 질러야 했다. 오층에서 일층까지의 계단을 내려오는 일도 만만치 않았다. 가게 앞에 이르자 집배원이 그녀를 기다리고 있었다. 등기우편이었다. 발신인은 법원이었다. 그녀는 의아해하며 집배원이 내미는 전자수첩에 서명을 하고는 우편물을 받아 가게로 들어왔다.

  서류를 읽어도 무슨 내용인지 알 수가 없었다. 반복해서 읽은 다음에야 그녀는 겨우 그 의미를 알아낼 수 있었다. 유산상속에 대한 내용이었다. 남은 자식들이 떠안아야 하는 그녀아버지의 빚이었다. 그녀아버지는 아버지라고하기보다는 남자일 뿐이었다. 강한 남자. 그녀오빠들도 대체로 그랬다. 그녀는 어머니가 세상을 뜨자, 그들을 떠났다. 고교를 졸업할 무렵이었다. 어머니가 지상을 떠났다 함은 그녀에게 가족이 아무도 없다는 것이나 마찬가지였으므로. 또한 그녀아버지에게 딸 하나쯤이야 있어도 그만이고 없어도 그만일 것이므로. 그녀아버지가 세상을 떠났다는 사실조차 그녀는 모르고 있었던 것이다. 대상을 알 수 없는 원망이 그녀 깊은 곳에서 솟아올랐다. 그녀오빠들은 맘만 먹었다면 그녀를 찾을 수 있었을 것이다. 그런데 이건 또 뭔가. 어떻게 받아들여야 하는가. 그녀는 법원으로 법무사무실로 상담을 받으러 다녔다. 정말이지 살인적인 더위였고 그녀의 손과 발은 물집이 터져 너덜거렸으며 그녀의 마음 또한 너덜거렸다.

그녀는 결단을 내렸다. 상속포기. 그것으로써 형식적이지만, 그녀에게 지상에서의 혈육에 대한 연은 끊긴 셈이다. 그러나 이미 가게는 압류물건이 되었고 운영한다고 해도 그녀에게 남겨지는 것은 없을 것이었다. 피로감이 몰려왔다. 그때쯤에 서비스센터직원의 전화가 왔다. 에어컨을 재설치 했다. 이미 입추가 지났고 이틀만 있으면 말복이니까 백 년만의 더위라 해도 일 주일이나 열흘만 견딘다면 여름은 물러갈 것이었다. 그러나 그녀의 인내심은 바닥에 이르고 있었다. 게다가 그녀는 몹시 지치고 피곤했다. 쉬고 싶었다.

"다시는 이런 일이 없겠죠? 또다시 가스가 샌다거나 에어컨에 문제가 생기지는 않겠죠?" "아, 그러면 제게 연락주세요."

수리공이 명함을 주면서 경쾌하게 말했다.

다음날 아침이 되자 에어컨에서는 다시 더운 바람이 나왔다. 그녀는 한숨을 내쉬었다. 그녀 입에서 더운 바람이 나왔다. 수리공은 다시 점검하겠다고 했다. 오후에 도착한 수리공은 가스가 하루를 못 버틴다면 어딘가 다른 곳에 문제가 있는 것이라면서 자신들의 실책을 인정했다. 그녀는 다소 흥분한 상태였다. 수리공은 실외기의 압축기에 암모니아 같은 게 들어가면 서서히 부식되어 이런 일이 생길 수도 있다면서 혹시 예전에 실외기 설치한 곳에 개를 키우지는 않았는가 물었다. 그녀는 순간 옥탑남자를 떠올렸다. 한번만 더 에어컨을 틀면 실외기를 막아버리겠다고 협박하던 남자. 당시 상황을 이해하기 위해 그녀는 옥상으로 갔다. 그곳으로 오르는 입구는 방치된 가구로 막혀 있었고 계단에서 옥상에 이르기까지 소주병들이 무질서하게 뒹굴고 있었다. 사람이 살 수 있을 것 같지 않은 풍경이었다. 건물주는 그곳에 살지 않았다. 어렵게 건물주와 통화를 했을 때, 자신들도 옥탑남자에 대해서는 어떻게 할 수가 없다며, 집을 비워주라고 해도 나가지 않는다면서 난감해했다. 그리하여 그녀는 창문에 실외기를 달아야 했던 것이다. 그러나 이제 와서 옥탑남자에게 추궁할 수는 없는 일이었다. 한참 동안 생각에 잠긴 그녀는 얼굴을 붉히면서 수리공에게 말했다.

"아무리 그래도 그렇지 애초에 어디에 문제가 있는지 잘 확인했어야지 이건 말이 안 되죠."

수리공은 거듭 미안해하면서 조심스럽게 말했다.

"압축기를 갈려면 며칠을 더 기다려야하고 비용도 만만치 않아 차라리 문제가 되는 실외기를 바꾸는 게 확실한 해결방법일 것 같은데… 어떻게 할까요?"

그녀는 더운 한숨을 내뱉고는 실외기 부식의 원인제공자 쯤으로 생각되는 옥탑남자를 한 번 더 떠올렸고 한 참 후에야 다소 불편한 어조로 말했다.

"그렇다면 재설치를 하지 말았어야지, 이제 에이에스기간도 지나서 교환도 불가능하고 새로 구입해야한다는 얘긴데…"

"정말 죄송합니다. 이런 경우는 드물어서 미처 실외기 문제일 거라 생각지 못했어요. 그렇지만 그것을 전부 저희 쪽 책임이라고 하기엔

무리가 있어요. 서로 좋은 방법을 찾아보죠?"

서로 좋은 방법이라고? 그러나 그녀는 수리공에게 설득되고 말았다. 수리공은 친절했고 거듭 미안해했기 때문이다. 그는 그녀를 설득하는 방법을 아는 사람 같았다. 그녀는 가격을 최대한 할인받는 조건으로 실외기를 바꾸기로 한다. 삼 일후 실외기는 도착했고 그녀는 이제 에어컨을 맘대로 켤 수 있게 되었다. 그녀 손발의 습진도 진정되어갔다. 허물이 세 번째 벗겨지면서 가려운 증상도 어느 정도 나아졌다. 이만 해도 살만하다는 생각이 들기조차 했다. 바느질도 할 수 있었고 재봉틀도 돌릴 수 있었다.

그녀는 옷가게를 정리했다. 그때쯤에 인터넷샵에서 연락이 왔다. 물건이 오늘 입고되어 배송한다는 거였다. 의자에 대해 잊고 있던 그녀는 무심히 물건을 받았다. 의자는 조립하기가 매우 까다로웠다. 나무판 하나가 뒤틀려져 있고 조립도처럼 재단되지 않아서 더 이상 조립할 수 없다는 판단이 들었다. 조립이 아무리 까다로워도 척척해내던 그녀였다. 그녀는 디자인샵에 전화를 해 물건에 문제가 있다고 말했다. 전화상담원은 조립하기가 까다로워서 그럴 거라며 이틀 후에 직원이 나갈 거라고 답했다. 물건에 하자가 있다는 것은 인정하지 않고 다짜고짜 직원이 나가면 조립비용을 줘야한다는 상담원의 말에 그녀의 참을성은 바닥이 나고 말았다.

이틀 후 디자인샵 직원 두 사람이 그녀 집에 도착했다. 그녀는 조립하다가 멈춘 의자를 그들에게 보여주었다.

"이 제품은 남자들도 조립하기가 어려워서 저희들이 나와서 해주거든요."

"그게 아니라 나무판 하나가 휘어지고 치수가 맞지 않는데 이걸로 조립하면 사용하기 어렵지 않나요? 게다가 나무판에 곰팡이도 슬었잖아요?"

두 남자는 나무판을 살피고는 제품의 불량상태에 대해서는 인정하지 않고 그 상태에서 의자를 조립하려고 들었다. 마침내 그녀는 분노를 폭발했다.

"이것들 보세요. 조립은 제가 한다니까요. 하자가 있는 이 나무를 바꿔주든가 반품해주든가 해야지, 이 상태로 조립하려고 하면 어떡해요! 그리고 모든 제품이 하자가 없다고 어떻게 장담하죠? 아무리 이름이 있는 회사제품이라고 해도 불량은 나올 수 있는 것 아닌가요? 반품처리해 주세요."

그녀는 단호하게 두 남자와 맞섰다. 두 남자 중 나이가 더 어려보이는 젊은 남자가 나무판의 하자를 인정했다.

"포장상태로 수입이 된데다 저희가 물건을 일일이 다 살펴보고 배송할 수가 없어서 그러니까 나무판을 교환해드리죠."

"아니 이제 상관없어요. 이거 반품해주세요."

그녀는 물러서지 않았다. 평화주의자인 그녀로서는 과격한 변화가 아닐 수 없었다. 두 남자는 그녀의 서슬 퍼런 대치 앞에 약간 겁을 먹는 듯했다.

"저희도 주문받아서 오는 거라 반품할 수는 없고 며칠만 기다려주시면 하자 없는 걸로 재배송해 드릴게요."

"아뇨. 반품이 안 되는 제품이 어딨어요? 안 그러면 전 소비자센터에 고발이라도 할 거예요."

그녀의 분노는 스스로도 제어할 수 없는 상태에 이르렀고 뒤늦게 두 남자가 사과했지만 소용없었다. 나이든 남자가 나무판만을 들고나가면서 말했다.

"반품은 어렵구요, 물건이 오면 새 걸로 바꿔드리는 건 가능해요."

"그래요? 전 저대로 할 테니까 물건을 가져가든가 말든가 알아서들 하세요."

내내 말이 없던 젊은 남자는 최대한 친절한 표정을 지으면서 그녀를 설득했지만 이미 늦은 일이었다. 자신의 분노가 단지 의자 때문만이 아니라는 것을 그녀자신도 잘 알지만 어쩔 수 없는 일이었다. 생각 같아선 의자도 옥탑남자도 아버지도 반품해버리고 싶은 것인지도 몰랐다, 아니 아버지는 이미 반품된 것인가.

의자를 반품하는 것이나 오 년을 넘게 운영한 가게를 넘기는 시간은 비슷하게 소모되었다. 가을이 성큼 다가와 있었다.

그리하여 그녀는 지금 501호, 다섯 평 원룸의 식탁의자에 앉아 있다.

며칠째 먹는 것도 자는 것도 잊고 앉아만 있던 그녀는 생각하는 것도 사는 것도 잠시 멈춰볼 요량이다. 다만 조용하게 지내볼 요량이다. 생존이라든가 가족이라든가 사회적인 것, 이를테면 그녀가 생각하기에 공적인 모든 것에 대해 돌아보지 않을 것이다.

그녀는 이제 혼자서 한적하게 지낼 것이다.

등 뒤에서 닫힌 문

그녀의 사표를 수리하면서 박 국장은 그랬다.

"난 자네의 능력을 믿지만 나로서도 어쩔 수가 없군. 자넨 매이는 걸 싫어하잖아. 자네 나이쯤 되면 학부형이거나 팀장은 되어 있어야 하는데…, 안타까운 일이지. 이번 구조조정에 계약직이 우선순위란 걸 자네도 잘 알게야. 여행 간다니까, 돌아와서 술이나 한 잔 하자구!"

그것도 위로라고, 그는 다소 상기되기까지 한 얼굴로 그녀의 얼굴을 똑바로 쳐다보지도 못하고서 말했다. 그녀는 표정 없이 국장의 말을 듣고는 십 년을 넘게 일한 회사를 나왔다.

문이 그녀 등 뒤에서 닫혔다. 단순히 문이 닫힌 것일까. 문이 닫히는 것은 일상에서 흔히 일어나는 일이다. 그러나 그녀는 문 하나가 그녀에게서 영원히 사라진 느낌을 받는다.

거리에 선 그녀는 불안을 느낀다. 문 하나가 닫혔다는 것에 대한 불안감 때문만은 아니다. 자기 자신에 대한 알 수 없는 불안감 때문이다. 피로감이 몰려온다. 그다지 무리한 것도 스트레스를 받는 것도 아닌데, 아무런 이유 없이 그녀는 피로하다. 벌써 몇 년째 계속이다. 불안감과 피로감은 마치 서로 경주라도 하듯 한꺼번에 몰려온다. 그래서 그녀는 회사를 그만두면 여행을 떠나려고 계획한 것이다. 자아를 찾아 떠나는 여행, 자기 자신과 만나는 일. 어쩌면 그건 이 세상의 관점에서 본다면 어리석은 모험일지 모른다. 가능하기나 한 일인가. 그렇다면 이유를 알 수 없는 이것의 정체를 찾으면 이 불안과 피로감은 사라질까?

그녀는 그런 생각을 하면서 미용실의 거울 앞에 앉아 있다. 머리를 짧게 자르기 위해서이다. 대학 졸업 후 줄곧 유지해 온 긴 단발이 거추장스러워진 것도 피로감과 관련이 있을지 모른다고 생각했기 때문이었다. 이곳이 아닌 다른 곳을 끊임없이 찾아 헤맨 것이 자신의 삶을 아무 목적 없는 것으로 만들어 버린 건 아닐까.

실내에서는 시너드 오코너의 '그 무엇과도 비교될 수 없는 당신'이라는 록음악이 흘러나오고 있다. 노래를 부르는 삭발한 가수의 이미지에 턱선 바깥으로 컬을 넣은 커트머리의 동일한 가수의 이미지가 겹친다. 이질적인 두 이미지가 겹치면서 뭐라 설명할 수 없는 틈이 생긴다. 같은 사람이 부르는 같은 노래인데 예전에 듣던 음울하고 강한 느낌이 없다. 맑고 부드럽다. 그 가수는 노래를 만들고 부르는 것은 자신의 생활이고 직업이며 최초이면서 영원한 자기발견의 과정이라고 밝힌 바 있다. 자신이 하는 모든 일은 오직 자신을 기쁘게 하기 위한 것이라고도 했다. 그 가수의 삭발한 모습과 커트머리 사이에서 느껴지는 이질감에 그녀는 반문한다, 사실 자신이 하는 일은 자신을 배반하기 위한 것이 아닌가. 자기발견의 출구는 애초부터 봉인된 게 아닌가.

그녀는 거울에 비친 삭발한 자신의 얼굴을 무표정하게 바라본다. 그녀는 거울 속의 자신으로부터 탈주하고 싶다, 아니 세상으로부터 탈주하고 싶다. 그런 생각에 사로잡혀 그 어디에도 속하지 못하고 살아온 것은 아닌가. 그렇다면 어디에도 속하지 못하는 게 이 정체모를 불안의 원인일까. 이 피로감도? 고개를 갸웃거리는 거울 속의 자신을 보며 그녀는 무슨 말인가를 끊임없이 웅얼거린다.

집으로 돌아온 그녀는 신문과 인터넷과 전화를 해지한다. 당장 이사라도 갈 사람처럼 자신의 살림도구를 꾸린다. 그런다고 달라질 것은 아무것도 없을 것이다. 다만 이 피로감이 조금은 줄어들지 않을까 싶어서이다. 그녀는 간단히 짐을 꾸려 현관문을 나선다. 현관문이 그녀 등 뒤에서 닫힌다. 문이 그녀 뒤에서 닫히는 것은 자주 있는 일이다. 아주 잠겨버릴 수도 있다. 어쩌면 그녀의 현관문은 그녀에게 아주 잠겨버릴지도 모를 일이다.

기후변화로 인한 기상이변이 일상이 되어버린 폭염의 나날, 그녀에게 이토록 더웠던 여름은 없었다. 춘분이 지났지만 더위는 결코 끝나지 않을 기세이다. 출발 일 분 전에야 기차에 오른 그녀는 흐르는 땀을 연신 닦아낸다. 마음의 속도가 고속철의 속도를 앞질러버린 것일까. 그녀는 고속철의 속도를 느낄 수 없다. 두 시간을 넘게 달린 기차는 목적하는 역에 진입하지 못하고 멈칫댄다. 그녀는 고개를 들어 차창 밖을 본다. 언제 이토록 많은 비가 내렸을까. 하늘은 흐리고, 선로 건너편 개천은 물이 넘실대며, 길가에 주차된 자동차들과 낮은 지대의 집들이 반쯤 물에 잠겨 있다. 범람. 기내방송에서는 집중호우로 선로에 물이 넘쳐 기차가 역에 도착하는데 시간이 걸린다고 말한다. 신뢰감이 생기는 낮은 음성의 기내방송 멘트를 들으면서 그녀는 피로감을 느낀다. 등이 욱신거리고 눈알에 안개가 낀 것처럼 시야가 뿌옇다. 눈을 비빈다. 시야는 더 흐릿해질 뿐이다. 문을 밀치거나 다른 문을 찾아야 하는데. 그녀는 손과 다리를 움직여보지만 그것들은 마치 족쇄라도 채워진 듯 무겁고 쉽사리 움직여지지 않는다. 서두를 필요는 없다. 일어서려다 고속철의자에 몸을 깊숙이 파묻은 그녀는 문득 시를 쓰지 않아도 사는 게 괜찮다는, 이 도시에 사는 시인을 떠올린다. 정말일까. 그녀는 휴대전화에서 번호를 찾는다.

  기차는 삼십 여분을 멈칫거리다 역사 앞으로 들어선다. 한치 앞을 분간하기 어려운 폭우다. 역사를 빠져나가지 못한 그녀는 굵어진 빗줄기만 바라보고 있다.

  어떤 만남을 기대하는 것일까. 이제 더 이상 시를 쓰지 않는다는 시인은 전보다 훨씬 편안해진 얼굴로 그녀를 맞는다.

  "시를 쓰지 않아도 살만해?"

"그러엄!"

그는 약간의 망설임도 없이 대답한다. 그런 그의 대답이 그녀는 의문스럽고 낯설다. 너무 확신에 차 있기 때문이다. 그녀의 의혹을 눈치챘을까, 그가 말한다.

"올인을 요구하잖아."

"재능이 부족한 건 아니고? 우리는 어중간한 재능 때문에 다들 힘들어하잖아."

"아니 그런 문제가 아니야."

그럴지도 모른다. 시를 쓴다는 건 무엇보다 늘 자신과 대면하는 일일 터이고 이 세상에서 그것처럼 어렵고 어리석은 모험이 또 있을까. 그런데도 끊임없이 그러고 싶은 건 어떤 이유 때문일까. 그러고 싶지 않아도 이미 그녀는 그 모험에 들어선 것인지도 모를 일이다.

"이젠 신비주의자가 된 시인을 이해할 수 있어."

그는 마치 자신의 미래라도 얘기하는 것처럼 신비주의자가 된 시인을 빌어 자신의 현재의 입장을 설명한다. 그의 말을 들으면서 그녀는 극심한 피로감을 느낀다. 시야가 흐려지고 팔을 탁자에 짚지 않으면 금방이라도 앞으로 꼬꾸라질 것 같다. 머릿속은 왜 이리 지끈거리면서 둔탁한가. 그리고 보니 그가 마음수련을 한지도 십여 년이 지나고 있었다. 뭐 꼭 이유가 있어야 하는가. 시를 쓰지 않아도 살 수 있다면야. 사는 것 자체가 이유가 있을 필요는 없을 것이다. 그는 문 하나를 닫고 다른 문을 연 것인가.

그녀는 서울을 떠나올 때 옛 친구와 만나기로 약속한 '낡음의 미학'이라는 골동품가게로 향한다. 그곳에 미리 나온 친구가 그녀를 기다리고 있다. 그는 한눈에 봐도 안정감이 느껴진다. 자신의 삶의 리듬을 찾은 사람에게서 흔히 드러나는 여유. 방황을 끝낸 것인가, 아니면 시간 때문인가. 시간은 그런 힘이 있는 것인지도 모른다. 낡음을 새로움으로 바꾸기도 하고 방황을 안정으로 바꿔놓기도 한다. 시간은 그녀에게 어떤 힘을 발휘했는가. 아무런 이유도 정체도 알 수 없는 불안과 피로? 실직? 그녀는 고개를 저으며 가게 안을 살핀다. 오래된 가구와 빛바랜 그림과 낡은 진공관 엠프와 턴테이블과 표지가 닳은 엘피들…, 대부분 낡고 손때가 묻은 것들로 채워져 있다.

요즘엔 이 가게에 들러 쉬기도 하고 가게 주인과 이런저런 얘기도 나눈다면서, 그는 그녀에게 가게와 가게주인을 소개한다. 느리게 가는 사람들. 어쩌면 그녀는 그것이 싫어 이 도시를 떠난 것인지도 몰랐다. 그러나 낡고 느린 삶이 자신이 찾는 다른 삶이었다면? 그런 생각을 하면서 그녀는 내내 피로감을 느낀다. 등이 너무 아파 곧게 펼 수가 없고 며칠을 자지 못한 사람처럼 눈알이 쓰렸으며 앉아 있을 기운조차 없다. 사람들의 말에 귀 기울여지지 않는다. 어딘가 가서 누워야 할 것 같다. 그녀는 이를 악물고 피로감을 참아낸다.

그녀가 목적하는 바다가 있는 곳까지 가는 막차는 한 시간 후에 있다. 서두르지 않으면 놓칠 터이다. 그녀는 그들과 서둘러 헤어진 뒤 버스에 몸을 싣는다. K시를 한참 지난 후에야 그녀는 알아차린다. 휴대전화를 놓고 온 것이다. 목적지에서 그녀를 기다리는 친구에게 전화를 해야 하는데, 그곳에 도착하면 그녀는 길을 잃을 것임이 분명하다. 한순간 그녀는 멍하니 어두운 차창 밖을 응시한다. 그런데 이상하다. 그녀 안의 불안감이 점차 사라지는 것이었다. 피로감도 어느 정도 가셨다. 무겁고 지끈거리던 머릿속이 개운했다. 팔다리도 그다지 무겁지 않았다. 그녀는 머리를 흔들어본다. 가볍다. 팔다리를 흔든다. 경쾌하다. 이건 또 뭔가. 그녀는 아주 잠깐 어리둥절해 한다. 버스기사의 독촉에 의해 그녀는 허둥지둥 차에서 내린다.

그녀는 길을 응시한다. 길은 어둡고 폭우 때문에 앞을 분간하기 어렵다. 길 바로 앞으로 바다가 있을 것이다. 어렴풋이 수평선이 펼쳐져 있다. 공중전화부스를 찾던 그녀는 휴대전화를 찾는 것도 친구에게 연락하는 것도 그만두기로 한다. 아무래도 이건 아니다. 이곳에 온 것도 어떤 다른 문을 발견하고자 하는 것도. 다른 곳은 없다. 다른 문도 없다. 그러므로 등 뒤에서 문 하나가 닫혔다고 불안할 필요는 없을 것이다. 그냥 모든 걸 우연에 맡기자. 그때였다.

"이봐요? 배낭 놓고 내렸어. 이거 가져가요!"

안 내리고 뭐하냐며, 퉁명스레 말하던 버스기사였다. 그녀는 자신의 등에 메어져 있을 배낭을 확인한다. 등이 가볍다. 배낭 안엔 노트북과 책과 공책, 세면도구, 속옷 등이 들어 있다. 찾을 필요가 있을까.

"이봐요!"

그녀는 버스기사의 말을 뒤로하고 가벼워진 등을 꼿꼿하게 펴고는 천천히 바다를 향해 걸어간다.

바다 속으로 그녀가 묻힌다.

귀거래사

돌아가리라!
고향 전원이 황폐해지려는데 어찌 돌아가지 않겠는가?
지금까지는 고귀한 정신을 육신의 노예로 만들어버렸구나
그러나 어찌 상심하여 슬퍼하기만 할 것인가
지난 일은 탓해야 소용없고
오는 일은 따를 수 있음을 이제는 알겠도다
비록 길을 잃고 헤매었으나
어제는 잘못이었고 오늘이 옳음을 깨닫도다
아직 그리 멀지 않았다.

_도연명, '귀거래사(歸去來辭)' 일부

새벽 네 시, 그녀는 어김없이 눈을 뜬다.

비가 내려서인지 사위가 어둡다. 창문에서 시선을 거둔 그녀는 자신의 몸을 들여다본다. 그녀 방에는 거울이 없다. 그녀의 집 어디에도 거울이 없다. 거울이 없어도 그녀는 자신의 몸을 볼 수 있다. 그녀는 자신의 몸이 마치 거룩한 신전인 양, 스스로에게 두 손을 모아 합장한다. 손바닥을 서로 비벼 얼굴을 문지르고는 머리 뒤로 쓸어내린다. 손끝에 정성이 듬뿍 묻어있다. 이어 손바닥으로 가슴을 두드리고 겨드랑이를 두드리고 어깨를 두드리고 무릎을 쓰다듬고 발바닥까지 섬세하게 쓸어내린다.

가볍게 목욕을 마친 그녀는 시디플레이어의 시작단추를 누르고 향을 피운다. 허브향이 그녀의 방안으로 번진다. 이집트 풍의 명상음악이 그녀 몸을 감싼다. 그녀는 사십 여분 동안 명상을 한다. 명상을 하는 동안 그녀는 무희처럼 손으로 곡선과 직선을 그리며 리듬을 탄다. 무언가 주문 같은 걸 중얼거리기도 한다. 두 손을 모아 배꼽 아래 단전에 대고는 날숨을 뱉은 그녀는 자못 흐뭇한 표정으로 명상을 마무리한다. 눈자위가 깊은 그녀의 눈망울이 반짝 빛나더니 그녀 볼에서 살짝 윤기가 흐른다.

그녀는 책상 위에 놓인 두 권의 노트 중 한 권을 펼쳐 오늘 할 일에 대해 기록한다. 일기를 쓰는 것이다. 그녀일기는 두 권. 한 권은 오늘을 살기 전에 미리 쓰는 것이고 다른 한 권은 잠들기 전에 오늘 일어난 일을 기록하는 것이다. 낡은 갈색의 직사각형 반상 앞에서 가부좌를 틀고 앉아 허리를 꼿꼿이 세우고 고개를 살짝 숙인 채 일기를 쓰는 그녀의 모습은 비장하다 못해 심각하며 처연하기까지 하다. 만일 미래에 인류가 절멸한다면, 그리하여 폐허 위에 누군가 살아남는다면, 마지막 남은 한 사람이 읽을, 말하자면 그녀는 최후의 한 사람을 위한 예언서를 집필 중이며 자신이 주인공이며 화자인 인류의 마지막 역사책을 쓰고 있는 것이다. 때문에 그녀의 글쓰기는 경건할 수밖에 없다. 글을 쓰는 동안 그녀모습은 이 세계가 아닌 다른 세계에 사는 생명체 같다. 허공에 떠 있는 것 같기도 하고 언뜻 숨조차 멈춘 듯하다.

글쓰기를 마친 그녀는 집 안팎을 청소한다. 옆방에서 잠들어 있는 그녀어머니는 기척이 없다. 그녀는 된장찌개를 끓인다. 그녀는 어머니 방 앞에서 헛기침을 한다. 어머니는 일어나지 않을 것이다. 그녀어머니는 새벽까지 장사를 했을 터이고, 그녀가 일어나려는 시간쯤 집으로 돌아와 잠이 들었을 터이다.

잡곡밥에 된장찌개와 오이무침, 김치, 도라지나물, 김이 오른 그녀의 밥상은 요즈음 건강식으로 각광받는 소박한 식탁. 그녀는 먹을거리에 조예가 깊다. 자연식연구가나 대체요법연구가보다도 전문적이다. 그녀가 요리사에 푸드스타일리스트라는 이력이 있어서만은 아니다. 전쟁과 불신과 파멸로 향해 가는 세상을 구하려면 무엇보다도 건강해야 하기 때문에 그녀는 음식에 관해서만은 완벽을 기한다. 아침식사를 든든하게 먹은 그녀는 오미자차를 느리게 마신 뒤 어머니 밥상을 봐 놓는다. 아침 해가 그녀의 집 툇마루를 비춘다. 툇마루에 앉은 그녀는 상기된 얼굴로 손바닥을 하늘로 향해 쳐들고 주문 비슷한 걸 외운다. 그 모습이 사랑에 깊이 빠진 사람 같다.

그녀는 길을 나선다. 오늘 여정은 지하철 8호선과 9호선. 그녀에게 세상은 그때로부터 지금까지 뒤죽박죽 혼란스럽기만 하다. 어깨가 묵지근해 온다. 갈 길이 멀다. 그녀는 지하철개찰구를 향해 발길을 재촉한다.

그녀가 이렇게 된 데는 그녀어머니와 헤어진 그녀남편들에게 어느 정도 책임이 있다. 아니 그녀할머니까지 거슬러가야 할 터이다. 그녀에게 가족은 어렸을 때부터 어머니와 할머니 둘뿐이었고 할머니가 세상을 뜨자 그녀어머니는 종적을 감추어버렸다. 그리하여 홀로 남겨진 어린 시절부터 그녀는 서울 외곽의 후미진 이곳, 스무 평 남짓한 허름한 한옥에서 혼자 살았다.

여섯 살 때, 그녀는 툇마루에 앉아 햇빛 보는 놀이를 즐기곤 했다. 그녀어머니는 그런 딸에게 그렇게 오래 햇빛을 보면 나중에 아무것도 볼 수 없게 될지 모른다면서 놀이를 중지시키곤 했다. 그러나 특별한 놀이도 친구도 없던 그녀는 어머니의 채근을 피해 햇볕을 오래도록 쳐다보곤 했던 것이다. 그녀와 그녀어머니의 길고 긴 숨바꼭질이 시작된 것이었다. 처음 몇 분 동안은 빛이 부셔 눈을 반만 떴지만 눈을 부릅뜨고서 몇 분 동안의 고통을 참아내면 해는 사나운 낯빛을 거두고 부드럽게 그녀에게 몸을 열었다. 눈이 부시다 못해 시야가 새하얗게 될 때까지 그녀는 시간만 나면 그 놀이에 집중했다. 비라도 내리는 날이면 어린그녀는 안절부절 못하다 급기야 앓아눕곤 했다. 열이 나고 헛소리를 해대며 헛구역질을 했다. 그녀할머니와 어머니는 낮에 먹은 게 체한 모양이라며 그녀의 손가락을 따주고 얼음 물수건을 갈아주며 그녀의 머리맡을 지켰다.

마침내 비가 그쳤고 햇빛이 그녀의 집 툇마루에 비쳐들면 그녀는 언제 아팠냐는 듯 몸을 일으켰다. 거짓말처럼 열이 내렸고 몸도 가벼워졌다. 이런 일이 반복되자 그녀어머니와 그녀할머니는 그녀의 증세가 비 오는 날만 오는 것이라고 짐작하여 병원 가는 것을 미루었다. 당시 그녀어머니와 할머니는 가난했고 비가 그치면 그녀 몸은 저절로 나을 것이었으므로.

태풍이 몰아친 어느 가을, 그녀 나이 열세 살. 한 달여 동안 끊임없이 비가 내렸고 비 오는 내내 그녀는 사경을 헤매는 듯 앓아누웠다. 뒤늦게 사태의 심각성을 깨달은 그녀어머니와 그녀할머니는 그녀를 병원으로 옮겼다. 그녀의 병인도 병명도 알아내지 못한 의사는 자신들도 어찌해볼 수 없다며 퇴원을 권유했다. 한 달여 동안 퍼붓던 비가 그쳤고 햇볕이 병원 창문으로 비쳐들었다. 산소 호흡기에 의지한 채 더 이상 뛰지 않을 것만 같던 그녀의 심장이 다시 뛰기 시작했다. 그녀가 눈을 떴다.

병원에서 퇴원한 그날 이후, 그녀에게 변화가 일어나기 시작했다. 그녀는 점차 시력을 잃어갔고 대신 새로운 눈을 뜨게 되었다. 자신이 모르던 과거의 일을 보았고 미래의 일들에 대해서도 보이기 시작한 것이다. 보아서는 안 되는 비밀을 보아버린 것이었다. 그녀는 이제 더 이상 예전의 어린아이가 아니었다.

그녀할머니는 민족지사인 P선생의 애인. 해방이 되고 P선생이 세상을 뜨자, 선생의 명예를 위해 그녀할머니와 P선생의 소생인 그녀어머니는 지인들로부터 버림받았다. 그녀들은 세상에 없는 사람이 되고 말았다. 그 후 그녀할머니는 실어증세로 말을 하지 않았고, 세상은 전쟁 중이었으며, 태어날 때부터 줄기차게 가난한 그녀어머니는 어린 가장이 되어 찬 서리를 맞아야 했다. 아직 소녀였던 그녀어머니를 범해 그녀를 잉태하게 한 시장대표인 그녀아버지는 본가로 돌아갔고, 시장에서 장사를 하던 어린그녀어머니는 배가 불러오자 그곳에서마저 쫓겨났으며, 홀로 그녀를 낳아 기른 것이었다. 그 모든 것들이 그녀의 눈에 선명하게 보이는 것이었다.

그녀에게 사람의 과거가 보이면서 또 다른 능력이 생겼는데 그녀는 손을 대지 않고 물건을 자유자재로 옮길 수 있게 되었다. 누군가에게 해를 가할 수도 있었으며 완전범죄도 가능해진 것이었다. 그러나 그녀는 자신의 능력을 함부로 사용하지는 않았다. 그녀할머니가 세상을 떠나고 그녀어머니마저 종적을 감춘 몇 달 후 어느 날 그녀는 아버지를 찾아 나섰다. 그녀가 그녀어머니자궁 안에 있을 때 그녀어머니가 장사하던 옛 동네에서 그녀는 아버지를 만났다. 그녀의 예상처럼 그녀아버지는 그녀와 그녀어머니를 부인했다.

자신을 부인하는 아버지와 어색하게 고층건물사이를 걸어가던 그녀는 무심히 하늘을 쳐다보았다. 양쪽 건물의 유리창을 반사한 햇빛이 그녀와 그녀아버지가 걷는 그곳을 유난히 밝게 비추고 있었다. 그녀는 아버지에게서 몇 발짝 물러나 건물의 꼭대기 층 창문을 뚫어져라 바라봤다. 이내 창문이 떨어졌고, 창문에 머리를 맞은 그녀아버지는 그 자리에서 숨을 거뒀다. 그녀아버지 머리에서 쏟아지는 핏물 위로 햇빛은 찬란하게 비추었고 그녀는 정신을 잃었다. 그러면서 그녀는 우주의 중심인 것도 같고 자신의 깊은 내면인 것도 같은 곳에서 거역할 수 없는 외침을 듣는다. 가서 세상을 구하라!

    정신이 든 그녀 몸은 신성해졌으며 그녀는 결연히 세상을 구원하기로 한다. 그녀는 선택된 것이었다. 첫 남편과 헤어지고 두 번째 남편마저 그녀에게서 등 돌리자 그녀의 증세가 되살아난 것이다. 그리고 거짓말처럼 자취를 감추었던 그녀어머니가 역시 거짓말처럼 그녀 곁으로 돌아왔다.

    당신이 다 알아서 한다면서 쉬기를 권유하는 그녀어머니를 뿌리치고 그녀는 날마다 집을 나선다. 하루도 쉴 수 없다. 폭우가 쏟아져도 폭설이 내려도 그녀는 쉴 수 없다. 한 사람이라도 더 구해야 한다.

    그리하여 오늘도 그녀의 행진은 계속된다.

    아마도 그녀자신을 구하는 일일지도 모른다.

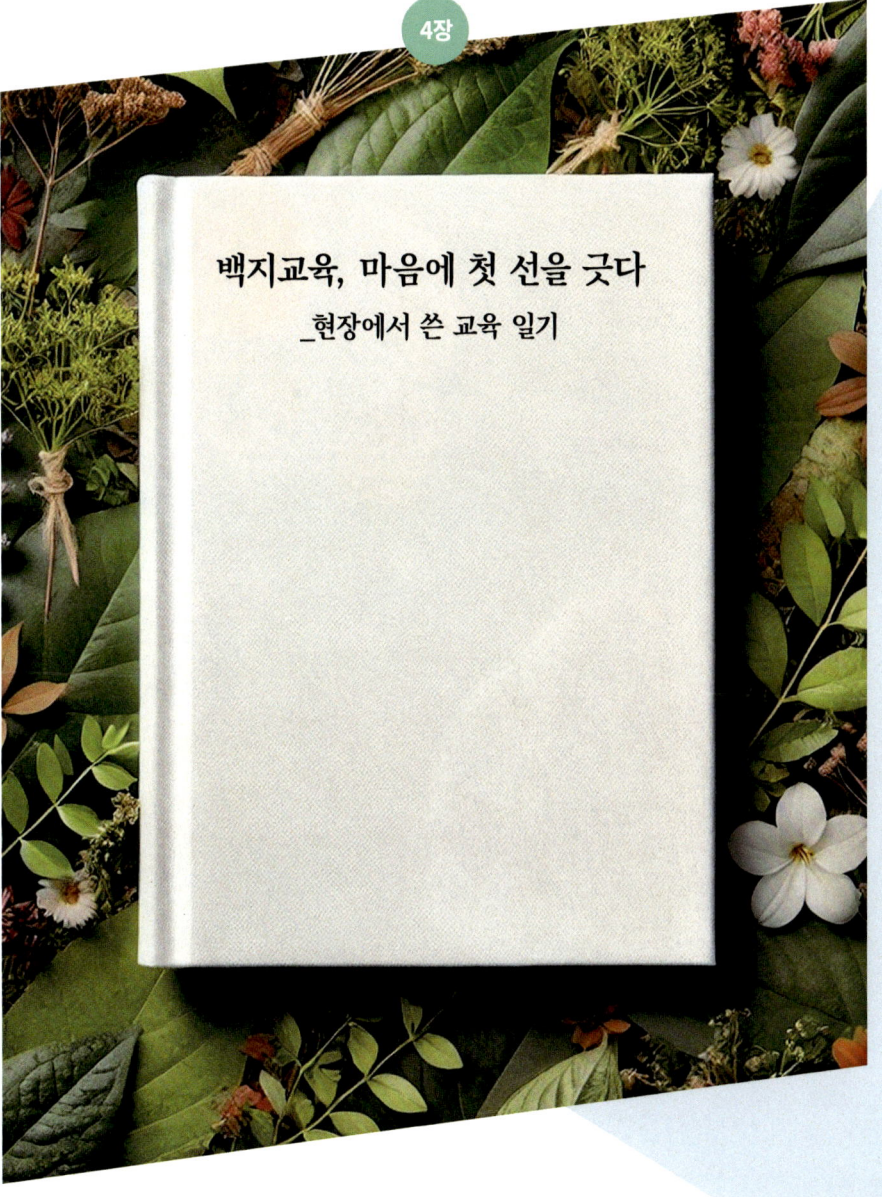

4장

백지교육, 마음에 첫 선을 긋다
_현장에서 쓴 교육 일기

김
규
진

회화와 심리상담학을 공부했으며, 현재 웅진씽크빅에서 수석 북큐레이터로 독서와 논술 지도를 하고 있습니다. 교육 현장에서 부모와 아이의 관계, 학습에 대한 고민을 관찰 일지에 담았습니다. 그리고 관계성을 주제로 그림 작업을 하고 있습니다. 최근 들어서는 오디오북 내레이션을 준비하며 따뜻한 목소리로 이야기를 전하여 새로운 소통을 꿈꾸고 있습니다.

이 책은 그 기록의 한 조각입니다. 육아의 방향을 함께 바라보며 가정이라는 작은 세계 안에 든든하고 평온한 하루를 꿈꾸는 마음에서 출발했습니다.

백지 교육이란

　백지교육은 백지 위에 첫 선. 아이가 세상을 처음 마주하는 순간 마음에 새기는 교육을 의미합니다. 무엇을 가르칠지보다 어떤 관계로 이어갈지에서 시작합니다. 건강한 자아를 형성하고 타인과 조화롭고 자립적인 사회 구성원으로 성장할 수 있는 방향성을 제안합니다.

• 이 글에 등장하는 아이들의 이름은 모두 실제 이름이 아닌 가명입니다.

생활 질서 배우기

*신발을 가지런히

　"신발 가지런히 놓자." 신을 벗자마자 달려가는 아이들에게는 신발장 앞에서 다시 얘기합니다. "신발이 여기저기 흩어져 있으면 누군가 밟고 넘어질 수 있어", "같이 바르게 놓아보자." 아이들은 내 신발을 밟을 수도 있다는 상황을 알게 되어 스스로 정리하는 모습으로 변화했습니다.

*씻고 싶어지는 위생교육

　아이들이 손을 씻지 않거나 더러운 상태에서 음식을 먹을 때, "이거 먹고 싶었구나? 먹으려면 손을 씻자. 손안에 세균이 입으로 들어가거든!" 또 더러워진 양말을 신고 만지다가 먹을 때, "양말 봐봐, 발바닥이 엄청 까맣다! 이렇게 더러워진 양말 먹을 수 있어요?" 당황한 아이들은 더러움을 직접 느끼며 손을 씻으러 갑니다.

*재밌게 냠냠 공룡 식사

식사 시간은 즐겁게 먹는 방법을 함께 찾아가는 시간이어야 합니다. 배부른 정도를 말로 표현하기 어려운 아이에게는 숫자를 활용해 물어봅니다. "1부터 5중에 지금 배부른 느낌이 몇이야?" 수분 섭취가 적은 아이에겐 과일이나 채소와 함께 자연스럽게 물을 곁들이는 방법. 또는 "공룡 모양 주먹밥, 캐릭터 도시락 만들어볼까?" 아이들은 눈을 반짝이며 고개를 끄덕인다. 같은 말도 '재밌게 해보자'라고 이끌어 보세요. 아이는 놀이로 받아들여 밥시간을 기다리게 됩니다.

아이 혼자 먹기보다는 부모도 함께 앉아 먹고, 만약 그럴 수 없다면 인형 친구를 옆에 두고 "같이 먹자~" 하고 말해보세요. 그러면 아이는 혼자 먹는 시간이 아니라 함께 먹는 따뜻한 시간으로 식사 시간을 기억하게 됩니다.

"밥 먹는 자리는 어디일까?" "우리 로봇은 어디에 앉지?" 식탁에서 놀이 대화로 식탁으로 이끌어보세요. 강요보다는 상상력과 역할놀이를 활용하면 아이는 밥상 앞에 앉는 것도 즐거운 놀이로 받아들입니다.

*마음의 준비, 시간 지키기

놀다가 집에 가야 할 시간이 되면, 아이들에게는 갑작스러운 이별처럼 느껴질 수 있습니다. "이제 집에 가자"는 말의 재촉은 내 마음을 몰라준다고 생각해 거부 반응을 보일 수 있습니다.

"집에 가야 될 때, 5분 전에 미리 알려줄게, 그때 되면 마음 준비하고 신발 신는 거야." 이렇게 미리 말해두면 어떤 아이는 고개를 끄덕이며 자연스럽게 준비하지만, 더 놀고 싶은 아이들도 있습니다. 이런 작은 예고들이 반복되면 시간을 받아들이는 연습이 되고, 아이는 서서히 '놀이의 끝맺음'이 습관이 됩니다.

"이제 곧 가야 해, 더 놀고 싶은데 아쉽지?(마음 알아주기) 엄마 아빠도 이연이가 재밌게 노는 걸 보니 아쉬워.(공감) 하지만 우리에게 정해진 시간이 있지."(절제) "태희 만나러 가자/ 달팽이 보러 가자."(대안) 규칙적으로 오는 곳이라면 "다음 주 화요일마다 4시에 오는 거야."(예고와 기대) 시간 준수는 통제보다 예고와 공감, 그리고 새로운 기대를 가질 때 자연스럽게 체감이 됩니다.

●연상 놀이

좋아하는 피규어를 신발 안에 쏙 넣어보거나, "신발이 자동차처럼 움직인다~ 어? 내 신발이 도망간다~ 잡으러 가자!" 하고 말하면, 아이들은 그 상황에 빠져들어 다가와 신발 신습니다.

*목표 설정 : 구체적인 미션 만들기

> "저기 엘리베이터까지 뛰어서 갈까?"
> "주차장 구경 한번 해볼까?"
> "이번엔 계단을 두 칸씩 올라가 볼까?"

짧고 재미있는 '과제'처럼 목표를 제시하면 행동이 한결 수월해집니다.

*아이의 자기 진정

지안이는 친구와의 놀이가 끝나지 않아 집에 가기 싫었습니다. 동시에, 엄마가 동생을 데리러 가는 것도 싫었습니다. 갈등하는 지안이에게 엄마는 재촉 대신 조용히 기다려주었습니다.

> 엄마 : 지안아 가자~
> 지안 : 더 놀고 싶어.
> 엄마 : 그럼 엄마는 동생 데리러 갔다 올게.
> 지안 : 싫어, 엄마 가지 마.
> 엄마 : …
> 지안 : …그럼 안아주고 가.

나를 안아줘 하는 말 뜻에는 나를 위로하고 엄마의 사랑을 확인하는 말이 담겨있습니다. 현재 상황을 바꿀 수 없다는 걸 알면서도 감정을 다스리는 자신만의 방법을 찾아냅니다. 부모의 기다림은 아이가 감정을 정리할 시간을 주는 선물이 됩니다.

*인사 : 아이마다 다른 인사 모습

서준이는 엄마 뒤에 숨은 채 바짓가랑이를 꼭 붙잡고, 매일 어린이집 선생님께 인사하는 것조차 어색해 합니다. 반면 진유는 고개는 숙이긴 하지만, 시선은 다른 곳을 향해 인사의 의미가 흐려지기도 합니다.

*준비되지 않았을 뿐이에요

아이에게 인사를 시키려고 갑자기 머리를 눌러 고개 숙이게 하는 경우, 아이 입장에서는 굴복처럼 느껴 거부감이 생길 수 있습니다. 설령 그런 일이 있었다 하더라도, 아이의 감정을 먼저 물어보고, 마음을 다독여 주는 시간이 꼭 필요합니다. "이해하겠지" 하고 넘어가서는 안 됩니다. 부모가 자신의 실수를 인정하고 사과하는 모습은 아이의 자존감을 세워주는 말이 되며 '어른도 나처럼 실수하고 고칠 수 있다'는 신뢰감 있는 관계로 이어집니다. 무언가를 가르칠 때는 아이가 몇 번 정도 반복하면 받아들이고 익숙해지는지 속으로 횟수를 헤아려보는 여유도 필요합니다. 3번, 5번… 차분하게 설득한다면 아이가 느끼는 거부감을 줄일 수 있습니다. "인사는 단순한 예절이 아니라, 존재를 인정하고 환영하는 표현이야." "어색한 사이에서도 인사를 하는 습관은 때로 불화를 막고, 화목한 관계의 밑거름이 돼." 짧고 간결한 단어로 차례대로 알려주면 좋습니다. "자 어른에게 인사할 때는 눈 보고 배꼽손~ 정수리 인사~" 가정 안에서 자주 인사말을 듣고 자란 아이는 시키지 않아도 자연스럽게 말과 행동으로 인사를 할 것입니다.

*목소리를 내기 어려운 아이에게

어떤 아이는 낯선 상황이나 시선 앞에서 긴장이 높아져 인사를 하지 못하는 경우가 있다. "우리 같이 인사해 볼까?" 말해보세요. 고개를 끄덕이거나, 작은 목소리로 "안.. 녕.. 하세요..."라고 말했다면, 그건 이미 큰 용기를 낸 순간입니다. 용기에 칭찬과 박수로 환한 미소를 보내고 다음번에도 한 발짝 더 나아갈 힘이 되어줍니다.

*인사하고 도망가는 아이

인사를 하긴 했어요, 도망갔지만요. 아이에 따라선 인사를 하자마자 몸을 돌려 도망치듯 자리를 하는 경우가 많습니다. 어른의 눈에는 장난처럼 보이기도 하지만 사실 이 행동은 긴장, 낯섦, 그리고 감정 조절이 아직 서툰 마음이 숨어 있습니다. "인사하고 도망간 것도 용기 낸 거야""이번엔 인사하고 금방 도망갔네! 그래도 인사했구나 잘했어"라고 말해주는 것부터 시작해 보세요. 작은 행동을 인정해주면 다음 인사를 조금 더 편하게 만들어주는 힘이 됩니다.

*부모의 조급함 : 외부 시선보다 아이 마음 읽기

밖에서 "인사를 안 하더라"는 말을 들으면 부모로서 속상합니다. "오늘부터라도 바로 고쳐야지"라는 조급한 마음은 아이의 마음보다 외부 시선을 더 의식하게 만들고 결국 행동만 바꾸려는 '교정'에 머물게 됩니다.

집이 교정 시설이 되어서는 안 됩니다. 집은 아이가 실수하고 머뭇거려도 미소를 보이며 기다려주는 공간, 있는 그대로 받아들여지는 안전한 보금자리여야 합니다. 우선, 아이의 속도를 믿고 마음을 보듬어 주는 연습이 필요합니다.

'나 전달법'을 사용하기

아이에게 가르칠 때는 언제나 부모의 생각과 감정을 솔직하게 전하는 나 전달법이 더 깊은 울림을 줍니다.

> 부모 : 은찬아, 잠깐 이야기해 볼까? 엄마, 아빠가 생각해 봤는데 그동안 바쁘다는 이유로 인사에 대해 제대로 가르쳐 주지 못했어. 인사를 하는 이유를 알고 있니? 인사는 서로 존중하는 모습이고, 환영의 표현이야.

만약 방금 인사한 사람을 또 마주쳤다면, 그럴 땐 인사해야 할까? 아이가 대답하지 않거나 안 한다고 말해도 괜찮습니다. 부모는 아이의 성장 과정을 인정하면서 꾸준한 태도로 변화할 수 있습니다.

> **부모** : 처음엔 어려울 수 있다는 거 알아 그렇다고 안 하고 피할 수 없어. 엄마, 아빠랑 같이 한번 해보자. 사랑해 우리 아가.

믿는 만큼 자라나는 아이들. 혹시 교육 타이밍을 놓쳤다고 느끼더라도 부모가 깨달은 순간이, 가장 빠르고 적절한 시작입니다.

> **부모** : 엄마가 예전에 상현이에게 인사 가르쳐 줬을 때 감정을 다시 생각해 봤어? 엄마가 말했을 때 상현이는 어떤 기분이었을까?
> **상현** : 엄마, 아빠가 큰 소리로 말해서 무서웠어요.
> **부모** : 그랬구나. 목소리가 커진 줄도 몰랐네. 그러고 보니 어느 날은 상현이가 잘 듣고 있는 줄만 알았는데, 상현이 생각도 제대로 못 들어봤던 것 같아. 다음에 또 목소리가 커지면 이렇게 말해줄래? "엄마, 아빠 목소리 조금만 낮춰 말해 주세요."

혼낸다는 것은 영혼을 빼앗는 것. 아이들의 영혼을 지키는 그 시작은 부모의 진심 어린 한마디에서 시작됩니다.

아이들은 자신의 마음을 표현한다

***유나의 우주 이야기**

우주 표현 수업 시간, 유나는 그림을 사진 남기려 하자 종이를 반으로 펄럭거리며 접어 그림을 가렸습니다. 장난스러운 미소가 떠올랐지만 그 속에는 살짝 숨기고 싶은 마음이 담겨 있었습니다. 선생님은 조심스레 물었습니다.

> 선생님 : 유나야, 선생님은 유나가 너무 멋져서 기록하고 싶어 혹시 가리는 이유가 있을까? 선생님한테만 살짝 말해줄래?
> 유나 : 다른 친구들 우주는 깜깜해서 아무것도 안 보이는데 저는 우주가 밝아요.
> 선생님 : 아, 그랬구나! 다른 친구들 그림이랑 달라서 부끄러웠구나. 음, 그런데 선생님은 유나 우주가 밝은 우주라 더 잘 보이고, 유나만의 우주여서 더 특별한걸?

선생님의 말씀에 유나의 표정은 서서히 밝아졌고, 그 이후로 그림에 더 집중하며 몰입했습니다. 다른 친구들과 비교하지 않았고, 사진 찍을 때도 자신 있게 펼쳐 보였습니다.

"우주가 밝을 수도 있지~" 이 한마디로 가볍게 넘기지 않는 태도. 바로 그 순간이 아이에게 다름은 틀림이 아닌 것을 알려주는 시간이 됩니다. 그 경험은 아이의 마음을 열고 세상을 바라보는 눈을 바꾸어줍니다.

*영우의 버스 이야기

영우는 처음 보자마자 책장을 가리키며 "이 책 우리 집에도 있어요! 이 책도!"하고 여러 권을 지목해 소개했습니다. 그 말에는 자신이 잘 알고 있는 것, 책을 많이 본다는 사실을 선생님이 알아봐 주기를 바라는 마음이 담겨 있었습니다. "이 좋은 책들이 집에도 있구나! 책을 많이 보는구나! 우리 영우~" 영우는 자신이 책을 많이 아이'라는 자아를 만들어가기 시작합니다. 왜 처음 본 선생님에게까지 인정을 받고 싶어 했을까요? 아이에게는 자신을 긍정적으로 봐주는 어른의 시선이 정체성과 자존감을 만드는 중요한 재료가 됩니다. 잠시 뒤, 영우는 버스 장난감을 가지고 놀면서 그 안에 엄마, 아빠, 할아버지, 할머니를 태웠습니다. 그런데 정작 영우는 태우지 않았습니다.

> 선생님 : 영우는 어디 있어?
> 영우 : 영우는 없어.
> 선생님 : 집에 있어?

더 물어보니 얼굴을 찡그리며 불편한 기색을 보였습니다. '나는 어디에 있는 걸까?', '나는 이 가족 안에서 어떤 존재일까?' 스스로 묻고 있는 아이의 마음이 담겨 있을지도 모릅니다.

> 영우 : 엄마, 도형 블록은 어디 있어?
> 선생님 : 없어.

단정 짓는 말에 아이는 가만히 서서 더 이상 생각하지 않게 됩니다. 같은 상황, 선생님은 이렇게 말합니다.

> 선생님 : 영우야, 블록이 더 안 보이네. 같이 한번 찾아볼까?

그 순간, 영우는 몸을 돌려 찾기 시작했습니다.

*엄마 내 거 어디 갔어? 함께하면 달라지는 순간

아이들은 엄마한테 찾아달라고 요청하는 일이 많습니다. 엄마는 몸도 마음도 지치고 시간에 쫓길수록 직접 해결하는 일이 더 쉽고 빠르게 느껴지고는 합니다. 엄마는 시간 안에 마무리하려고 한글 공부 중인 영우의 팔을 끌어당겨 정답을 맞히게 했습니다. 부모가 아이보다 먼저 움직이는 순간, 아이는 기다리는 사람이 되고 생각은 멈추게 됩니다. 그럴 때일수록 같이 한 번 찾아볼까? 마법 같은 한마디에 아이들은 반짝이는 눈빛으로 찾기 시작합니다. 기다리는 아이에서 움직이는 아이로 이끌어줍니다. 시간이 촉박한 경우라면, "글쎄 블록이 숨었을까?, 하늘로 날아간 거 아냐?" 엉뚱한 말 한마디에 아이들은 금세 웃고 흐름은 부드럽게 전환됩니다. 물건을 찾다가도 다른 곳으로 주의가 향하는 아이들. 예측할 수 있는 행동에 따뜻한 반응으로 함께 움직인다면, 지시보다 훨씬 효율적이고 유연한 시간이 될 수 있습니다. 앞으로 수없이 많은 시행착오를 겪을 아이들에게 우리가 줄 수 있는 가장 큰 힘은 지지와 응원입니다.

*감정 중계하기

신생아 시기에는 부모가 아이의 울음소리, 표정, 몸짓을 통해 배고픔, 피곤함, 불편함 같은 감정을 유추하고 반응하게 됩니다. 옹알이와 행동으로 자기표현을 하기 시작하면 부모는 그 표현을 구체적인 언어로 도와주는 역할을 할 수 있습니다. "바이올린 연주 소리가 아름답지?, 까끌까끌해서 신기하지?, 이걸 만지고 싶었구나! 그런데 손이 잘 안 닿아서 속상했어?" 아이 행동과 감정에 공감하면서 사랑의 말을 덧붙여주는 경험이 반복되면 아이 스스로도 감정과 욕구를 명확하게 인식하고 사랑 표현의 힘을 키워가게 됩니다.

*불편함을 말로 배워가는 아이

아이들 중에는 양말을 불편해하는 경우가 많습니다. 발에 열이 많거나, 촉감에 민감한 아이일수록 양말은 답답하게 느껴질 수 있습니다. 이럴 때 "양말이 불편하니? 잠깐 벗고 집 갈 때 다시 신자." 아이는 불편함을 이해받고 해결할 수 있다는 경험을 합니다. 이 과정은 단순한 해결이 아니라 감정 하나를 배워가는 과정입니다. 그리고 다음 단계에서는 불편함을 느꼈을 때 바로 도움을 받는 데 그치지 않고 양말의 답답함을 표현하는 연습으로 이어져야 합니다. 이 과정은 단순한 해결이 아니라 감정 하나를 배워가는 과정입니다.

몸으로 배우는 원리

> 다홍 : 이거 왜 떨어졌어요? (자전거 손잡이)
> 선생님 : 본드가 이렇게 서로 딱 붙어있다가 떨어졌나 봐! (손깍지를 끼고 흔들다 떨어트린다.)

원리를 몸으로 설명해 주면, 아이는 아하! 하고 깨우칩니다. 이때 뇌는 세상을 놀이처럼 이해하며 연결합니다.

*표현하지 못한 스트레스는 행동으로 나온다

동생이 있거나, 집 안에 뚜렷한 기준이, 안 돼! 할 때만 제지받으며 지내는 아이들은 스트레스가 점점 쌓여갑니다. 그러다 어느 순간 갑자기 목소리가 커지거나 장난감을 사물에 부딪히게 하며 감정을 표출합니다. 어떻게 표현해야 할지 몰라 말과 행동으로 부딪히며 신호를 보내는 것입니다. 이럴 때 부모가 사물을 보고 "때찌 때찌"하며 책임을 돌리면 이 물건이 여기 있어서 내가 다쳤다고 외부 원인을 탓하는 해결 방식에 익숙해질 수 있습니다.

작은 움직임에도 아이들이 과격하면 계속 신경 쓰일 수 있습니다. 그런데 그 조마조마한 시선과 의심의 눈빛은 고스란히 아이들에게 전달되고 지속적으로 주의받은 아이는 스스로 제어하기 어려운 상황에서 외부 압력에 의해 자기 자신에게 해로운 방향으로 반응할 수 있습니다. 이런 상황을 막기 위해서는 부모만의 훈육 기준과 반응 원칙을 미리 가지고 있으면 아이도 부모도 한결 편안해집니다. 예를 들어 아이가 자신보다 큰 기물을 만지거나 문을 열고 닫는 놀이에 과하게 몰입하는 경우 자칫 큰 사고로 이어질 수 있습니다. 몰입할 때 더 주의를 기울여 자주 발생하는 사고 상황을 예상하면 차분히 대응할 수 있습니다.

*예측으로 지키는 안전

아이들과 함께 있을 때는 손이나 발의 위치를 잘 관찰하고 있어야 합니다. 무거운 물건이 발 위쪽에 있을 땐 미리 말로 알려주어 예측 상황을 함께 인지 시켜주는 것이 필요합니다. "무거운 게 발로 떨어지면 아프겠네!" 또, 머리를 부딪혀 울음을 터트리는 순간에 엄마가 같이 부딪히는 동작을 따라 하면, '이렇게 부딪혔구나?' 하며 엄마가 같이 부딪히는 동작을 따라 해주면 아이는 공감하고 울음을 멈추기도 합니다.

*슬로모션 연극으로 배우는 원리

어린 시절 레고 조각을 밟은 기억처럼 문에 발가락을 찧은 경험은 아이에게 오랫동안 강한 기억으로 남습니다. 너무 아팠던 기억은 문만 봐도 통증이 떠오르게 만듭니다. 이럴 때는 슬로모션처럼 천천히 연극처럼 상황을 재연해 주는 것이 효과적입니다. 울음을 그친 아이와 함께 다시 문 앞으로 가서 어떻게 다쳤더라? 문에서 손을 놓는 순간 문이 스르르 닫히고 발이 피하지 못해 다치는 흐름을 보여줍니다. 아이는 그 과정을 보며 반동효과를 이해하고 자신의 행동과 결과 사이 원리를 하나씩 깨닫게 됩니다. 이후 문을 파도로 비유해 다가오는 '문 피하기 놀이'로 바꾸면 긴장도 풀리고 크게 웃으며 긍정적인 정서로 전환됩니다. 아이들은 단도직입적인 주의보다 직접 보고 느끼는 경험을 통해 더 깊이 판단합니다. 당장 이해하지 못해도 신뢰를 바탕으로 따르고 설명을 통해 스스로 사고하려는 태도가 자랍니다.

*부모와 아이가 함께 즐거운 놀이 시간 만드는 법

아이의 말에 눈을 맞추고 생각합니다. 내가 너의 이야기를 듣고 있어, 하고 싶은 게 많은데 잘 안되는 거 알아 괜찮아 차근차근 알려줄게. 이런 따뜻한 마음은 말보다 먼저 눈빛과 표정으로 전해집니다. 교구 조작이 잘되지 않을 때 "왜 안 될까?", "다른 방법이 있을까?", "이건 까끌까끌하네. 손가락을 비틀어 틈에 넣고 상자를 열어야지"라고 함께 생각하는 과정 속에서 아이의 머릿속에 조작 방법이 학습되기 시작합니다. 또한 역할극이나 상황극은 직업놀이, 사회적 역할 인식, 문제 해결력으로 자연스럽게 확장됩니다

*안되는 것을 말할 때

아이에게 '안돼'라고 말해야 할 때, 가장 먼저 눈을 마주치는 일입니다. 불편한 감정을 담기보다, 눈빛으로 진심을 전해보세요. 만약 아이가 시선을 피하거나 집중하지 못한다면 가볍게 어깨를 얹고 "엄마, 봐봐." 말없이 3초간 눈을 마주한 뒤, 천천히 고개를 저으며 "안-돼!"라고 단호하게 말하세요. 그 짧은 순간, 말보다 강한 메시지가 아이에게 전해집니다. "멈춰야 해!", "지금 이건 허용되지 않아!"라는 경계의 언어를 부드럽지만 확실하게 전하는 것입니다.

*공사장 놀이

> 여긴 공사장이야! 아무나 들어오면 안 돼. 관계자만 들어올 수 있어, 어떤 건물을 지어볼까? 도구랑 안전모는 어딨어요? 어떤 걸로 대체하면 좋을까?, 여기 지지대가 약해요! 튼튼한 걸로 바꿔주세요!

이처럼 아이가 몰입할 수 있도록 놀이 안에 상황을 함께 구성

해 주세요. 역할에 충실하며 실제로 일어날 법한 문제 상황을 질문으로 던지면 아이는 처음엔 고민하다가도, 해결이 어렵다는 이유로 자신 없어 하는 표정을 지을 수 있습니다. 그럴 땐 옆에서 작은 힌트를 주어 반복적으로 경험하게 하면 점점 스스로 해결하려는 태도가 생기고 집중력도 자연스럽게 향상됩니다. 엄마한테만 매달리고 학습을 회피하던 아이들도 점점 읽는 시간, 놀이 시간을 함께 나누고 싶어집니다.

*높은 곳 오를 때, 도전·규칙 함께 가르치기

아기가 높은 곳에 올라가면 전망대에 선 듯한 용기와 자신감을 느낍니다. "와~우리 아가 이렇게 높이 올라왔네.", "높이 올라오니까 어때? 아래가 한눈에 다 보이네~" 도전을 존중한 뒤에는 자연스럽게 규칙을 알려주세요. "현이 다리는 여기까지 오고 팔은 이만큼 오네. 이 정도 높이는 어때? 신체 기준으로 비교하며 다음에 높은 곳에 오를 땐 엄마 아빠한테 먼저 말해줘."와 같은 약속을 함께 정하면 아이도 거부감 없이 기대하며 받아들입니다.

*몸으로 배우는 균형 감각과 자기 조절

"이거 봐! 흔들거려! 균형 잘 잡아야 해~"! 올라간 기쁨에 도취된 아이가 자신의 몸이 흔들리는 걸 인식하게 도와주면 위험을 판단할 수 있게 됩니다. 충분히 시도해 본 뒤에는 스스로 고개를 흔들며 더 이상 올라가지 않으려 합니다. 이러한 경험은 자신의 한계를 느끼고 역량을 확인하는 기회가 됩니다. 몸의 감각을 익히며 힘을 조절하는 법을 배우고, 타인에게 불필요하게 에너지를 쓰지 않고 자기 조절에 집중하도록 도와줍니다.

책을 통해 관계 형성하기

신생아기에는 보호자와 교감이 중요하다. 이 시기 아이는 열린 감각으로 세상을 받아들이기 때문에 어떤 장면이 인상 깊게 남아, 무의식 속의 과제가 될 수 있다는 점을 염두에 두어야 합니다. 아직 목을 가누지 못할 때도 같이 그림책을 보며 상황, 맥락, 등장인물 간의 관계, 감정을 자연스럽게 이야기해 줄 수 있습니다.

> "무지가 네오에게 용돈 기입장을 보여달라고 했는데, 네오 표정이 왜 그럴까?(궁금)/ 보이고 싶지 않은 게 있었을까?(추측) 네오가 갖고 싶었던 책을 빌려준다고 한대.(해결)

*느낄 수 있는 아이, 바꿀 수 있는 아이

창의력은 어떤 느낌일까? 내 머릿속에 지도가 크게 그려진 것처럼 하나를 알면 열을 연결해 생각할 수 있는 힘입니다. 창의성이 발현되려면 어떻게 해야 할까? 많은 사람들은 불편한 점에 대해 "원래 다 불편한 거야, 불편한 걸 좋아하는 사람이 어딨어"라며 넘기지만 감각이 예민한 사람은 그 불편을 그냥 지나치지 못합니다. 스티브 잡스는 단추에 대한 거부감이 아이폰의 깔끔한 디자인으로 이어졌습니다. 사람들은 열광했고 불편함을 느낀 사람의 작은 시작이 세상을 바꾼 것입니다.

그게 뭐 대단한가? 싶지만, 선이 보이면 전체 구조를 읽을 수 있고, 먼저 행동한 사람은 보이지 않던 디테일까지 완성할 수 있습니다. 책을 읽으며 왜 이건 이렇지? 이 부분은 불편해 보여 같은 감각을 자극하는 질문을 던지는 것만으로도 아이의 창의성은 조용히 자라나기 시작합니다. 창의성은 바로 개인의 특별함에서 출발합니다.

*집중은 자라난다

아이의 집중은 꼭 가만히 앉아서만 이루어지지 않습니다. 장난감을 가지고 놀다가도 책을 읽어주면 흥미로운 주제에 자연스럽게 집중하는 모습을 보일 수 있습니다. 서서 보거나, 품에 안기거나, 편한 자세를 찾아 안정되게 책을 읽는 모습 속에서 아이의 집중력은 유연하게 자랍니다. 고정된 자세보다는 아이의 흐름에 맞춘 환경을 만들어주는 것이 중요합니다. 많은 부모님들이 집에서는 "자기 전에만 읽어줘요. 스스로는 잘 안 읽으려고 해요"라고 말씀하십니다. 아이 방이 있다면 잠자리 외 시간에 방 안에서 책을 읽는 습관을 들이는 것이 좋습니다. 거실이 아닌 나만의 공간에서 책을 읽는 시간이 쌓이면 이후 자율학습에도 더 자연스럽게 적응할 수 있습니다.

*그날의 기억 하나

아이들은 책을 재미있게 읽고 나면 새롭게 알게 된 정보나 이야기를 부모에게 들려주고 싶어 합니다. 한 가지 주제를 두고 여러 질문을 떠올리는 동안 아이의 머릿속에서는 생각의 길이 새롭게 열리고 대화는 더욱 풍성해집니다.

"어떤 감정을 느꼈어? 인상 깊었던 이유가 있어? 말해줄 수 있어? 내 생각을 어떻게 하면 더 잘 전달할 수 있을까?"라고 고민을 하게 됩니다. 가장 마음에 남는 장면 하나를 마음에 깊이 새긴다면 대화를 넘어 아이가 자신의 생각을 세상과 나누는 법을 배우는 첫걸음이 됩니다.

부모도 불안, 숨이 필요하다

"커서 돈 많이 벌어 나한테 효도해야 해."
"말 안 들으면 다른 집에 보낼 거야."
"네가 말을 잘 들어야 이뻐해 주지."

아무 생각 없이 장난처럼 내뱉었던 말들이 어느 날 문득, 타인의 시선을 통해 내 마음을 되돌아보게 했습니다.

사랑이 조건처럼 들리던 그 말들 속에서 아이는 무엇을 배웠을까요? 사랑받기 위해 돈을 벌어야 하고, 살아가는 이유는 효도를 위한 것이며 물질과 성과로 존재를 증명해야 한다고 믿게 된다면 아이는 결국 자신을 끊임없이 확증하려 애쓰는 마음속에 공허함과 외로움을 품게 될지도 모릅니다. 그 마음을 안고 묵묵히 살아갈 아이를 떠올린다면 가슴이 미어지도록 아프고, 깊은 미안함이 밀려옵니다.

그래서 이제 사랑은 먼저 주어지는 것이라는 확신을 아이의 마음에 새기고 싶습니다. 존재만으로 충분히 사랑받을 자격이 있다는 말, 그 믿음을 전하는 일이 부모인 나에게도 새로운 시작이 됩니다.

*공포 반응의 치료 역조건형성(counterconditioning)

Watson의 제자 Jones[1924]는 공포를 극복하는 데에도 고전적 조건형성이 도움 될 수 있음을 최초로 입증했습니다.(3살 소녀 Peter의 토끼 공포증 치료)

심리학자들은 공포 반응도 긍정적인 경험으로 조금씩 덜어낼 수 있다고 말합니다. peter는 토끼를 무서워했지만 좋아하는 간식을 먹으며 조금씩 토끼와 가까워질 수 있었습니다. 무서움을 없애기보다 긍정적인 감정과 함께 다시 마주하게 해주는 경험이 중요합니다. 이런 접근을 심리학에서는 역조건형성이라고 합니다.

집이 든든한 울타리가 되어 성장한 아이들을 상상해보면 내 품 안에서 수많은 감정을 느끼게 해주던 아이가 어느덧 세상에 걸어 나갈 준비를 하고 있음을 느끼게 됩니다. 그래서 부모가 먼저 마음의 준비를 한 발 앞서 아이의 앞날을 내다보는 시선이 필요합니다. 하지만 불안에 사로잡히면 시야는 쉽게 좁아지고 스트레스에 갇히면 하나의 모습만 보이게 됩니다. 잘하던 애가 갑자기 왜 이럴까? 그럴 땐 먼저 내 마음을 환기시킬 필요가 있습니다. 아이보다 내 감정부터 돌아보고 깊은숨을 들이쉬어야 합니다.

*위험해!

엄마를 생각하면 떠오르는 이미지는 어떤 모습인가요. 내가 평소에 어떤 말을 자주 쓰고 어떤 표정을 짓는지 떠오릅니다. 아기가 조금만 높은 곳에 올라가도 조마조마하고 호기심에 손부터 뻗어 혹시나 다칠지 걱정부터 앞서는 마음이 듭니다. "더 높이 올라가고 싶은 마음을 수용해 주면, 아이들은 스스로 자신이 감당할 수 있는 한계를 인지하고 자발적으로 내려올 수 있는 힘을 기릅니다. 부모의 발돋움을 딛고 아이가 더 높이 뛸 수 있도록 두려움보다 신뢰로 아이를 바라보는 연습이 필요합니다.

***익숙함을 기억하는 뇌의 마법 "또 해볼까?"**

"시작이 어렵지. 일단 3번만 해보자. 대충이라도 해보자!"

'이거 해봤던 건데!, 무섭지 않았는데, 또 해볼까?' 작은 시도라도 반복하면 뇌는 익숙하게 여겨 도전이 쉬워집니다. 감정을 언어로 표현하지 못하면 타인의 감정도 공감하기 어려워지고 자기감정도 혼란스럽게 느끼게 됩니다. 마음대로 안 될 때 찡그린 표정, 울 것 같은 목소리로 뭐든지 엄마에게 해달라던 아이는 이제, 자신이 느끼는 감정과 바라는 것을 말로 표현할 수 있게 되었습니다.

〈연령별 운동 능력 발달 참고〉

1. 달리기

   - 첫돌 전후 걷기 시작

   - 2~3세: 달리기 시작

   - 5세: 달리다가 방향 전환

2. 뛰기

   - 2세 이전: 한쪽 발 뛰기 가능

   - 2세: 두 발로 잠깐 뛰기 가능

   - 3세: 멀리뛰기 시 착지할 때 뒤로 넘어짐

   - 5세: 넘어지지 않고 앞으로 떨어지면서 멀리뛰기 가능

* 출처: 정옥분(2004). 발달심리학. 학지사

> 서준 : 저기 위에 있는 블록 꺼내고 싶어요.
> 선생님 : 서준이 다리랑 책장 길이를 비교해볼까? (내 몸을 인식할 수 있게 크기, 부피, 길이를 눈으로 확인시킨다.)
> 서준 : 이만큼 와요!
> 선생님 : 도와줄게. 힘을 합쳐서 가져와보자! 서준아 손가락에 힘! 다리에 힘! (손으로 엉덩이 받쳐준다.)

블록을 꺼내려던 서준이는 "무서워요. 내려갈래요"라고 말했습니다. 다음 수업 시간에 온 서준이는 도전할 용기를 냈습니다. 목표한 장난감을 향해 땀을 흘리며 1시간 동안 끈기 있게 시도한 끝에 내가 해냈다는 성취감을 느꼈고 신난 표정으로 선생님과 기쁨을 나눴습니다.

위로 올라갈수록 더 많은 힘이 필요하고, 어디에 힘을 줘야 하는지 생각합니다. 목표 설정, 성취, 자제력도 함께 길러집니다.

> 커서 돈 많이 벌어 나한테 효도해야 해.
> 말 안 들으면 다른 집에 보낼 거야.
> 네가 말을 잘 들어야 이뻐해 주지.

아이에게 장난처럼 내뱉었던 말들이 어느 날 주변 사람들 반응을 통해 심각성을 깨닫게 되었습니다. 아이는 사랑보다 이익이 먼저인 말을 듣기 전에 조건 없는 '이타적 사랑'을 느껴보았으면 좋겠습니다.

사랑받기 위해 돈을 벌어야 하고, 살아가는 이유가 효도를 위한 것이며 물질과 성과로만 존재를 증명해야 한다고 믿게 된다면 아이는 결국 자신을 증명하려 애쓰는 마음 한편에 공허함을 품은 채 살아가게 될지도 모릅니다. 그 과정을 묵묵히 견디며 살아갈 아이를 상상하면 가슴이 미어지도록 아프고 미안한 마음이 듭니다.

> 아이 : 선생님! 이게 뭐예요?
> 선생님 : : 이건 실리콘이야, 만져봐, 말랑하지. 실리콘은 그물 구조로 만들어져서 부드럽고, 물도 막아주고, 날카로운 장난감에 다치지 않게 도와줘. (손깍지를 껴보이며 설명)

엄마도 모르는 질문이라면 "글쎄, 어떻게 쓰는 걸까?", "같이 찾아볼까?"라고 대답하는 것이 좋습니다. '같이 찾아볼까?'는 공부가 아닌 탐험처럼 느껴지게 합니다. 관련된 책을 찾아보거나 직접 경험할 수 있는 장소를 기록해두는 것이 좋습니다.

*학습도 생활도 시작은 우선순위부터
생각을 정리하면 쉬워지는 행동

민서는 색연필로 색칠할 거라며 여러 색을 꺼내놓고 고민합니다.

선생님 : 고민돼? 민서가 좋아하는 색깔 있어?

민서 : …모르겠어요.

선생님 : 그럼 우선순위를 정해보자. 어떤 게 제일 중요할까? 어디에 먼저 칠하고 싶어?

민서 : 주황색! 여기!

아빠 : 주황색 좋지! 다음은 어떤 색으로 칠할까?

민서 : 초록색! 여기!

부부 사이가 가까워지는 대화 규칙

*공감은 시작, 대안은 방향

아내 : 이거 의자 예쁜 거 같아? (자신의 생각 표현)

남편 : 그것도 예쁘다. 우리 한 바퀴만 더 돌아보고
  결정할까? (의견 인정 후 제안)

아내 : 좋아. (의견 수용)

남편 : 당신이 좋아하는 걸로 사면 좋을 텐데.
  아이가 다칠까 봐 걱정돼. (감정 공유)

아내 : 맞아, 아이 손에 아무리 안 닿게 하려 해도 쉽지 않지.
  급하지 않으니까 시간 갖고 다시 보자. (공감+대안 제시)

대안을 생각하는 동안 생각을 정리해 얘기할 수 있지만 떠오르지 않는다면 "다음에 다시 같은 상황에서는 어떻게 하면 좋을지 함께 고민해보자"라고 말해야 합니다. 공감은 단지 "그래, 네 말이 맞아"가 아닙니다. "나는 너를 이해하려고 노력하고 있어. 그리고 그다음을 함께 생각해보고 싶어"라는 말처럼 현재의 마음을 다독이는 일이고, 대안은 관계의 방향을 함께 다시 세우는 일입니다.

*감정이 식는 시간, 진정 방식 이해하기

바로 풀어야 하는 사람이 있고, 혼자만의 생각 정리 시간이 필요한 사람도 있습니다. 흥분된 상태에서는 섣불리 대화를 시도하기보다는 충분히 진정의 시간을 갖는 것이 필요합니다. 감정을 가라앉힌 뒤 "내가 다시 생각해 봤는데…" 대화를 시작해 보세요. 서로의 방식을 이해하면 갈등 이후 대화가 수월해집니다.

> **남편**: 내가 다시 생각해 봤는데, 정말 미안해요. 회사에서 스트레스를 받고 와서 예민했어요. 여보 잘못이 아닌데, 내가 찾는 물건을 바로 못 찾으면 답답해요. 예민하면 남 탓하는 버릇이 있나 봐요. 다음에 이런 일 생기면 미리 말하고 진정할 시간을 가질게요.
> **아내**: 그랬구나, 힘들까 봐 물건 정리해뒀는데 오히려 헷갈리게 할 줄은 몰랐어요. 다음엔 사진 찍어두거나, 적어놨다가 당신 돌아올 때 다시 말해줄게요.

*말 속에 숨어 있는 사랑을 찾아서

갈등이 반복될 때는 먼저 내 감정부터 돌아보는 것이 필요합니다. 혹시 내가 이 상황을 내가 통제하고 싶은 걸까?, 다른 일로 기분이 나빠져서 그런 걸까? 그리고 "이럴 땐 이렇게 말해줬으면 좋겠어"처럼 내 마음을 구체적으로 표현해보세요. 어떤 말투나 단어가 나를 편안하게 하는지 솔직하게 나눌수록 오해를 줄이고 서로를 더 잘 이해하게 도와줍니다. 또한 상대의 진심은 무엇이었을까? 떠올려보는 습관이 필요합니다. "걱정돼서 그런 거지?", "기대가 커서 그런 거지?" 이런 말들은 결국 사랑에서 비롯된 감정임을 일깨워줍니다. 상대방의 말투나 행동이 화가 난 듯 느껴질 때는 "지금 좀 화난 것처럼 들리는데, 맞아?" 하고 조심스럽게 물어보세요. 감정을 확인받는 경험은 상대가 자신의 감정을 더 잘 인식하게 도와주고 환기시킬 수 있습니다.

관계는 완벽해서 유지되는 것이 아니라 서로의 마음을 알아보고 다시 손을 내미는 과정에서 깊어집니다.

부모가 아이들에게 초콜릿을 건넸을 때 아이는 어느새 달콤함을 부모에게도 나누어 줄 만큼 자랍니다. 부모는 아이가 건네는 따뜻한 마음을 기꺼이 받고, 다시 아이에게 초콜릿을 건넵니다. 이처럼 콩 한 쪽도 나누는 마음으로 배우자와 아이들을 대한다면 일상의 소소한 순간들 속에서도 깊은 사랑과 연결을 경험할 수 있을 것입니다.

오늘 하루 내가 먼저 그 마음을 건네보면 어떨까요? 고생했어, 오늘도 고마워 그 한마디가 하루의 끝을 따뜻하게 감싸줍니다.

5장

부자유로운 영혼을 가진 관찰자의 꿈

장
태
원

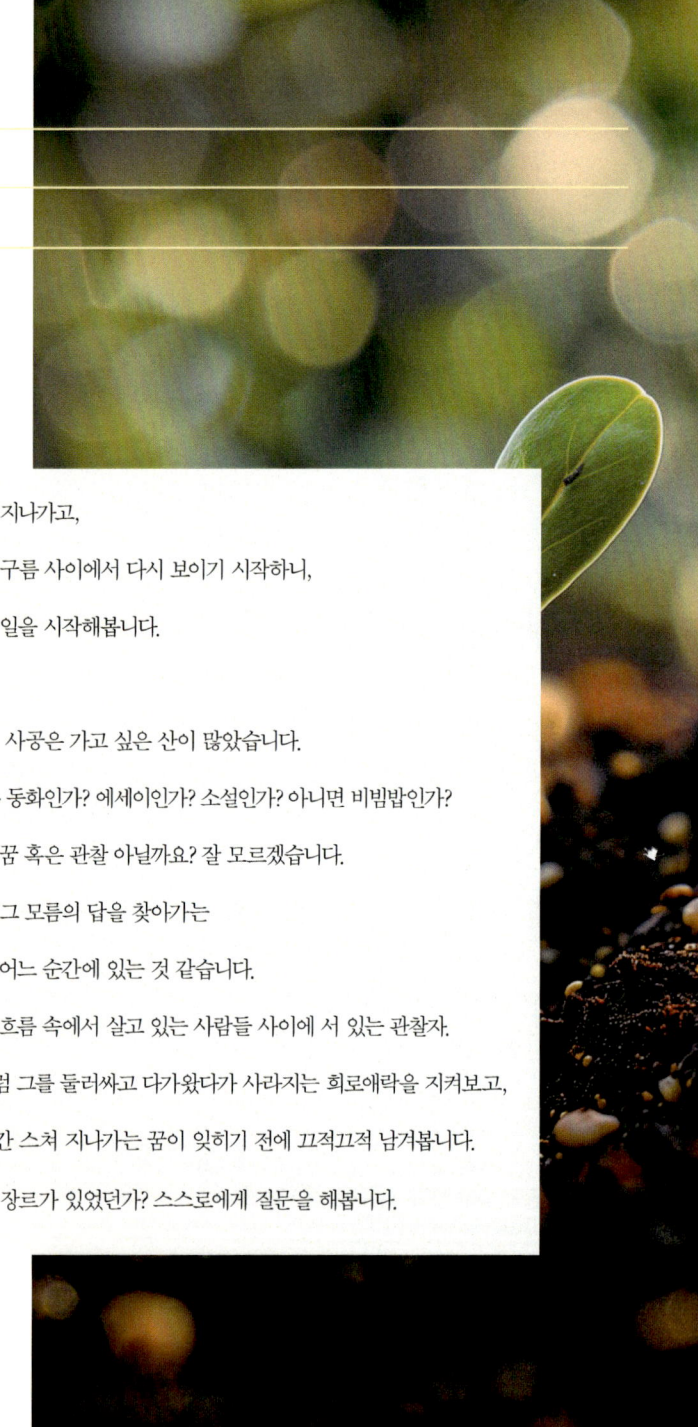

장마가 지나가고,

태양이 구름 사이에서 다시 보이기 시작하니,

원했던 일을 시작해봅니다.

한 명의 사공은 가고 싶은 산이 많았습니다.

이 글은 동화인가? 에세이인가? 소설인가? 아니면 비빔밥인가?

장르는 꿈 혹은 관찰 아닐까요? 잘 모르겠습니다.

지금은 그 모름의 답을 찾아가는

여정의 어느 순간에 있는 것 같습니다.

시간의 흐름 속에서 살고 있는 사람들 사이에 서 있는 관찰자.

운명처럼 그를 둘러싸고 다가왔다가 사라지는 희로애락을 지켜보고,

순간순간 스쳐 지나가는 꿈이 잊히기 전에 끄적끄적 남겨봅니다.

삶에도 장르가 있었던가? 스스로에게 질문을 해봅니다.

씨앗이 된 씨앗

어느 봄날 한적한 시골의 창고에서 수많은 씨앗들이 웅성거리고 있었다. 여기가 어디인지, 비슷하게 생긴 우리는 누구인지, 웅성웅성, 두리번두리번 씨앗들은 낯선 환경에 어리둥절 서로 어색하게 바라만 보고 있었다. 그때 일찍 잠에서 깬 한 씨앗이 말한다. "우리들은 조금 있으면 비닐하우스로 가니까 일단은 좀 기다려봐." 그러자 또 다른 씨앗이 말해준다. "나도 일찍 일어나서 농부 아저씨가 하는 말을 들었어. 우리를 풀로 키워주신다고 했어." 씨앗들은 그제야 앞으로 일어날 일들을 알게 되었고 안심이 되었는지 다들 차분해졌다.

한참 후 씨앗들은 비닐하우스로 옮겨져서 모판에 골고루 나누어졌다. 좁은 판이 있는 비닐하우스는 후텁지근했다. 씨앗끼리 엉키고 몸이 붙어 있기도 하고, 위아래로 포개져 있기도 했다. 답답하고 복잡한 데다가 씨앗은 조금씩 변화기 시작했다. 씨앗의 몸에서 무엇인가 나오기 시작했다. 다들 이상하다고 또 웅성거린다. 여럿이 모여 있으면 시끄러운 것은 어쩔 수 없다. 궁금하고 앞날이 걱정될 때마다 꼭 정보가 빠른 친구들은 어디에나 있다. 그때 한 씨앗이 말한다. "조금만 더 참아 보자. 우리 머리에 있는 풀이 자라면 세상 밖으로 나간다고 하는 이야기를 들었어." "웅웅~ 웅웅~ 웅웅~ 웅웅~" 밖에서는 중독성 있는 기계 소리가 들려온다. "그날인가? 오늘 세상으로 나가는 날인가?" 기대와 걱정하는 마음은 반반이었지만 풀이된 씨앗들은 답답한 이곳을 나가는 것이 그래도 신이 났다.

  농부 아저씨는 풀들이 자라고 있는 판을 기계로 옮겼고, 그 기계는 물에 잠겨있는 논으로 움직이기 시작했다. 여기저기서 풀들의 비명소리가 들려온다. "어어~ 자꾸 미끄러져 간다. 아~악! 밑으로 떨어질 것 같아! 악! 악! 풍덩! 풍덩!" 기계가 돌아갈 때마다 풀들이 논에 심어진다. 그렇게 풀을 심고는 기계는 아무런 일도 없는 듯이 앞으로 나아간다. 기계음이 사라지고 물결이 잔잔해지자 바람이 살살 불어왔고, 논은 잠잠해졌다. 풀들은 살랑살랑 불어오는 바람에 젖은 몸을 말리면서 마음이 편안해졌다.

  시간은 흘러 뜨거운 햇빛으로 물이 다 말라가기도 하고, 비가 너무 많이 와서 우리 풀들은 물에 잠겨서 한동안 잠수를 해야 했다. 살랑살랑 불던 바람이 너무 세게 불어서 이리저리 흔들리며 서로 부딪혀 기절해서 논바닥에 한동안 누워있기도 했다. 봄에 이곳에 심어진 풀들은 여름이 지나고 가을이 되자 아저씨 허리춤까지 자라났고, 풀마다 새로운 씨앗들이 나서 대롱대롱 매달려 있었다. 풀에 매달려 있는 씨앗들은 점점 커지면서 풀들은 머리를 숙여야만 했다. "타타타타~ 타타타타~" 저번 소리와는 좀 다르지만 이번 기계 소리도 중독성이 있었다. 기계 소리와 함께 풀들의 밑단은 잘려 나가고, 머리에 달려있던 씨앗들은 포댓자루에 차곡차곡 담겼다. 평소 같으면 기계 소리에 놀라고 풀이 잘려나가는 것에도 놀라서 비명도 지르겠지만 풀들은 모두 차분하게 있었다. 그들은 그렇게 모인 씨앗이 자기 자신이었다는 것을 자연스럽게 알게 되었다. 포댓자루는 하나씩 채워져서 한곳에 쌓여졌다. 씨앗들 대부분은 쌀로 포장되는 공장으로 떠나게 되었고, 일부 씨앗들만이 남게 되었다. 농부 아저씨는 내년에도 씨앗으로 농사를 지을 수 있도록 남은 씨앗 포대를 창고로 옮겼다.

창고에 들어온 씨앗들은 웅성거리기 시작한다. "앞으로 우리는 어떻게 될까!" 창고는 어둡고 추웠다. 아저씨가 일을 마치고 창고를 나간다. 창고의 불은 꺼지고 어둠 속에 남겨진 씨앗들은 웅성거리면서 점점 잠이 들었다. 씨앗들은 겨울잠을 자는 동안 무슨 꿈을 꾸고 있을까!

내가 제일 힘들어

아침부터 뜨거운 여름날, 어느 학교의 교실 문이 열리고 선생님이 제일 먼저 출근을 한다. 선생님은 사무실의 전등과 에어컨, 공기청정기, 컴퓨터 등 전자제품들을 켜고 나서 정수기에서 뜨거운 물을 받아서 커피와 얼음을 타서 한잔 마신다. 이것저것 정리를 한 다음 교무실로 회의하러 간다. 아이들이 오기 전까지 아무도 없는 교실에서 갑자기 여기저기서 한숨 소리가 들려온다.

"자다가 일어난 지 얼마 안 됐는데 벌써부터 덥고 힘들다. 어둡지 말라고 낮에도 형광등을 켜두지, 하루 종일 천장에 매달려 있지 힘들다 힘들어." 형광등의 푸념 소리에 냉난방기가 말한다. "야! 너만 천장에 매달려 있는 거 아니거든! 너는 가볍기라도 하지 나는 얼마나 무거운지 알아? 천장에 가려져서 그렇지 내 몸집이 얼마나 크고 무거운데 더울 때는 찬바람 만드느라고 감기에 매일 걸리고, 추울 때는 따뜻한 바람 만드느라 땀을 뻘뻘 흘리면서 일한다고." "그래 고생이 많다. 너희들은 여기가 어딘 줄 아니? 여기는 교실이야 아이들이 공부하는 곳이라고! 내가 아슬아슬하게 옆으로 벽에 붙어서 공부하는 데 도움을 주지 않으면 이곳은 의미가 없는 곳이라고." 전자칠판이 의기양양하게 말한다.

"칠판이 너 말 잘했다. 요즘은 칠판보다는 내가 더 잘 쓰이거든! 글도 쓰고 그림도 그리고, 코딩도 배울 수 있다고, 가끔은 선생님 몰래 게임을 하는 아이들 때문에 너무 세게 두들겨서 키보드랑 마우스는 항상 온몸이 쑤신단 말이야." 컴퓨터가 말을 하니까 다들 그럴 수도 있겠다고 생각했다. 서로 자기가 더 힘들다는 이야기는 끊이질 않았다. 잠자코 있던 다른 친구들도 한마디씩 하기 시작했다. 밤새 뜬눈으로 교실을 지켜보고 있었던 CCTV는 눈이 아파도 병원에도 갈 수 없다고 한다. 정수기는 사람이 깨끗한 물 없이 세상을 살아갈 수 있냐며, 찬물이랑 더운물 요즘은 얼음까지 만드느라 항상 감기에 걸려 있다고 한다.

"너도 나랑 비슷하구나, 얼음도 만들 수 있고 아이스크림도 보관할 수 있고 음식물이 상하지 않도록 24시간 일 년 내내 신경 쓰고 있다고." 냉장고도 비슷한 하소연을 한다. 겨울에도 춥지만 여름에는 더 춥게 느껴진다고, 지금까지 교실에 온 다음부터 하루도 쉬어본 적이 없다며 힘들어했다.

"사람이 물 없이 살 수 없다고 했지! 그럼, 공기가 없어도 살 수 있냐? 그것도 깨끗한 공기 말이야! 요즘은 미세먼지나 황사 때문에 깨끗한 공기가 얼마나 필요한지 알아? 나는 숨 쉴 때마다 먼지를 걸러 내느라 숨이 턱턱 막힌다. 공기청정기는 황사가 심한 날에는 심장이 멈출 것 같다며 투덜거린다.

그 밖의 교실 안에 있었던 모든 전자제품들이 아웅다웅 다투기 시작했다. 서로 자기가 제일 힘들다고, 내가 제일 힘들다고. 모두가 열을 올려서 소리를 지르면서 싸우는 순간 어디선가 번쩍하더니 교실 안으로 오는 전기가 끊겨버렸다. 교실 안은 어두워졌고, 전기로 움직이는 모든 것들이 멈췄다. 교실 안은 침묵이 흐르고 있었다.

"다들 말들이 너무 많네." 두꺼비집은 다시 전기를 보내주면서 모두에게 말했다. "너희들은 전기가 얼마나 위험한지 알아? 내가 전기를 안전하게 너희들에게 보내주니까 빛도 만들고 시원한 바람도 만들고 얼음도 만들 수 있는 거야! 내가 잠시라도 한눈을 파는 순간 전기는 불이 날 수도 있고, 사람에게 감전되어서 사고도 날 수 있어! 내가 없으면 너희들은 그냥 아무것도 할 수 없는, 그냥 깡통이라고. 이제 누가 제일 힘든지 알겠냐!"

이 말을 들은 전자제품들은 모두가 같은 생각이었다. 맞네! 맞아!

우리는 전기가 없으면 아무것도 할 수 없네. 앞으로는 다투지 말고 사이좋게 지내자. 두꺼비야 안전하게 전기를 보내줘서 고마워.

차분해진 교실 안으로 학생들이 하나씩 들어오기 시작한다. 작은 어깨에 크고 무거운 가방을 하나씩 메고 있었다. 서로 친구들을 만나면서 반가워하고 있지만, 오늘도 하루를 시작하는 표정은 그리 밝아 보이지 않았다. 학생들은 자기만의 배움의 끝이 어디인지를 찾아가는 기나긴 여정을 떠나는 준비를 하고 있다. 교실 안의 모든 전자제품들은 말없이 어린 친구들을 지켜보고 있었다.

한여름 밤의 꿈

안녕하세요! 텔레비전만 켜면 언제나 어디에서나 나오는 전나석입니다. 율곡 이이 선생님의 십만 양병설 주장을 이 시대에서 많은 사람들이 즐겨서 만들고 보는 유튜브에 접목시켜서 십만 구독자를 보유한 십만 명의 유튜버를 만드는 프로그램을 진행하도록 하겠습니다.

이곳 잠실종합운동장에 모이신 십만 명이 자신을 제외한 구만구천구백구십구 명의 채널을 구독하고, 이 단계가 마무리되면 마지막으로 공개한 채널이 구독자를 십만 명 달성하게 되는 순간 십만 구독자를 보유한 십만의 유튜버가 탄생하게 되는 것입니다. 기발하고 멋진 아이디어가 있어도 지금까지 기회가 없어서 운이 없어서 알고리즘의 외면을 받았던 우리의 창작물들이 서로의 응원을 받아서 자신의 채널과 창작물을 성장시킬 수 있는 마중물이 되는 것입니다. 규칙은 간단합니다. 구글 계정이 있어야 하고, 채널을 개통하고, 구독자를 위하여 하나 이상의 멋진 창작 콘텐츠가 있어야 합니다. 단순하게 다른 사람의 창작물을 약간만 변형하여 도용하지 마시기 바랍니다. 서로 창작자의 창작물을 존중해주십시오. 또한 술, 담배, 욕설, 폭력적이거나 자극적인 내용은 절대 안 됩니다. 필요 이상의 많은 양을 먹거나 마시거나 하는 건강을 해치는 내용도 안 됩니다. 그런 콘텐츠는 바로 탈락입니다.

바로 옆에는 잠실야구장이 있습니다. 잠실야구장에서도 실시간으로 보고 계십니다. 야구장에 계신 여러분도 보이시죠? "네~!" 지금 야구장에 약 삼만 명의 후보자가 대기하고 있습니다. 여러분이 탈락하는 순간 바로 기회는 대기자에게 넘어갑니다. 신중하게 판단하셔야 합니다. 그러면 바로 십만 명이 영상을 만들어서 올리고 구독을 완료하는 순간 이곳에서는 구독자 십만 명의 십만 유튜버가 탄생하는 것입니다. 그 전이라도 참가자 이외의 시청자가 구독하여 전원이 십만 구독자를 달성한 경우도 성공으로 인정합니다. 꿈이 아닙니다. 현실입니다. 우리가 서로 도와서 합심하면 무박 2일 동안에 만들 수가 있습니다. 누군가를 놀리거나 놀라게 하거나 비하하지 마십시오. 비평과 비난은 다릅니다. 그 경계를 모르겠다면 아예 그 주제는 선택하지 마십시오. 십만 개의 콘텐츠와 창작자는 십만 개의 장점이 만들어질 수도 있지만, 십만 개 이상의 단점으로 십만 명 이상의 사람들에게 상처를 줄 수도 있습니다. 여러분의 능력을 보여주세요. 세상을 조금이라도 밝고 희망차게 바꿀 수 있는 선한 영향력을 보여주세요.

앞으로 십만 개의 콘텐츠는 또 다른 방송으로 제작되어서 시청자 여러분을 찾아가게 됩니다. 방송의 끝이 어디인지 아무도 모릅니다. 제가 진행하는 인생의 마지막 방송이 될 수도 있습니다. 물들어 올 때 노를 저어야 합이다. 그럼, 지금부터 창작과 구독을 시작하겠습니다. "#십만구독자십만유튜버" 해시태그를 적어주세요.

그렇게 말도 안 되는 프로젝트는 방송으로 시작되었고, 종합운동장 가장 높은 곳에서 한사람이 웃고 있었다. 그는 십 만 명의 참가비 십 만 원을 받아서 100억 원을 벌었다. 한 여름밤 그는 또 무슨 꿈을 꾸고 있을까!

20241203 어떤 가장의 긴 밤

오전에 요양보호사 시험을 마치고 자원봉사활동을 마치고 집으로 돌아왔다. 갑자기 아프게 된 가족의 미래를 생각해서 얼떨결에 시작한 요양보호사의 과정이 오늘의 시험으로 일단락된 것이다. 그리고 다행히 시간이 겹치지 않아서 계속하고 있던 아동센터 학습지도 자원봉사 또한 무사히 마치고 집으로 돌아왔다. 학원에 데려다 달라는 자녀의 요청으로 학원에 다녀 온 후 짧은 휴식을 갖고, 끝나는 시간에 맞춰서 회를 포장해서 가족과 즐거운 시간을 가졌다. 부인이 갑자기 아프게 된 거, 그래서 노후를 준비하면서 요양보호사라는 것을 알게 된 거, 사회복지사 자격이 있으면 자격을 취득하기 수월한 거, 그래서 오늘 시험 본 거 등등 이야기를 하면서 하루를 마무리하는 평화로운 일상이었다. 좋아하는 회를 안주로 소주 한잔하니 피로도 풀리는 듯했다.

후식으로 아이스크림을 먹으면서 텔레비전을 보고 있는데 순간 믿기 힘든 광경이 펼쳐졌다. 대통령이 비상계엄을 발표했다는 속보가 화면 밑에 자막으로 보인 것이다. 뉴스 채널로 돌려서 보니 밤 열 시가 넘은 시간에 생방송으로 갑작스럽게 계엄을 선포한 것이다. 이후 엄청난 뉴스가 쏟아져 나왔다. 초고를 쓰고 있는 지금은 다음날인 12월 4일 새벽 3시 40분 경인데, 계엄 관련 뉴스가 세상을 모두 덮어버렸다. 뉴스나 다큐멘터리로만 봤던 과거 군사독재 시절의 일들이 뉴스를 통해서 눈앞에 생생하게 펼쳐지고 있다.

바로 이 사실을 자고 있는 가족에게 알렸다. 잠결에 소식을 들어서 인지, 가족들은 비상계엄이 무엇인지 실감을 못 하고 있었다. "80년대 군사독재 시절에 있었던 계엄령과 같은 것이다. 나도 잘 모르지만 아무것도 못 하고 모든 것을 군인들이 통제하는 것이다. 학교도 어떻게 될지 모르겠다."라는 말을 해주고서, 나는 다시 뉴스 속으로 빠져 들어갔다. 헌법에 명시된 계엄에 관한 내용은 잘 모른다. 하지만 국회 의원들은 국회를 통제하고 있는 경찰의 봉쇄를 뚫고 회의장으로 들어갔고, 절차에 따라서 계엄 해제를 안건으로 상정해서 가결했다. 야당 의원과 일부 여당 의원 190명이 참석해서 만장일치로 가결되었다. 방송국들은 시간대로 일어나는 소식을 서로 다투듯이 신속하게 보도하고 있었고, 유튜브에는 관련 영상을 만들거나 실시간으로 보여주고 있었다.

하지만 나는 당장 아침부터 우리 가족에 대한 상황을 걱정했다. "경제 상황이나 환율 주식시장이 요동치겠지? 팔아야 하나 사야 하나? 쌀이랑 라면도 필요할 텐데, 아 생수도 있어야겠다. 그것보다 신용카드는 쓸 수 있을까? 현찰을 찾아놔야 하는 것은 아닐까? 은행은 정상적으로 영업을 하나? 학교나 회사는 어떻게 되는 거지?" 계엄 상황은 아니지만 전기 통신이 사라져 고향집으로 여정을 떠나는 〈서바이벌 패밀리〉라는 영화가 순간 떠올랐다. 당분간 어떻게 될지 예측할 수 없기 때문에 집안에 무엇인가를 비축해야 한다는 생각만 했다. 내가 가족의 가장으로서 가족의 안전을 지키면서 앞으로 닥쳐올 많은 변수에 대응해야 한다. 걱정은 앞섰지만 부담감보다는 본능적인 감정이었다. 이 상황에서는 누구라고 비슷한 생각을 하지 않을까? 이 역사적인 순간에 우리 가족들이 떨어져 있지 않고, 같이 있어서 그나마 다행이다.

앞으로 어떻게 나라건 사회건 모든 상황이 전개될지는 아무도 모른다. 우리 사회를 구성하는 사람들의 사회를 바라보고 행동하는 균형 감각이 어떤 방향으로 흘러가게 될지는 알 수 없다. 하지만 이제 다시 평화로운 일상으로 돌아가야 한다. 끝을 알 수 없는 그 기나긴 여정을 떠나야 한다. 일단 세상 밖으로 나가야 한다. 은행이건 마트건. 움직여야겠다. 이런저런 생각들이 정리가 되면서 시나브로 아침은 밝아 오고 있었다.

映画の話(영화이야기)

桜が白い雪のように降り、涙のように流れる日、皆が故郷を離れた。私たちが知らなかったもう一つの人生。時間の流れの中で、私たちは生きています。弱い心を持つ最も自由な魂は、現実世界に耐えることは容易ではなかった。世間は彼を苛酷に扱ったが、結局は彼自身を最も苛酷に扱うしかなかった。

夫婦の子供たちは愛を求めてさまよった。自分の目の高さに合わせてくれる愛を見つけた後は、それぞれの旅に出た。北(北朝鮮)から南(韓国)へ、日本へ。

バラバラになり、店は閉まり、町は消えた。美しい公園に生まれ変わる

ために. 最も悲しかった、最も貧しかった、最も幸せだった、最も怒った瞬間を送らなければならなかった。

出会いと別れ. つらい日常を支えてくれた家族の愛. 残されたのは、つらい日々だけ。

明日はきっといい日が来ると信じて、主人公は今日も力強い一歩を踏み出す。

벚꽃이 흰 눈처럼 내리고, 눈물처럼 흐르는 날 모두가 고향을 떠났다. 우리가 알지 못했던 또 다른 우리의 삶. 시간의 흐름 속에서 우리는 살아간다. 여린 마음을 가진 가장 자유로운 영혼은 현실 세계를 버티기에는 쉽지 않았다. 세상이 그를 가혹하게 대했지만, 결국에는 그 자신을 가장 가혹하게 대할 수밖에 없었다.

부부의 자식들은 사랑을 찾아서 방황했다. 자기의 눈높이를 맞춰줄 사랑을 찾은 후에는 각자의 여정을 떠났다. 북(북한)으로 남(대한민국)으로 일본으로.

뿔뿔이 헤어지고, 가게는 문은 닫고, 동네는 사라졌다. 아름다운 공원으로 태어나기 위해서 가장 슬펐던, 가장 가난했던, 가장 행복했던, 가장 분노했던 순간들을 떠나보낼 수밖에 없었다. 만남과 이별, 고단한 일상을 버티게 해준 가족의 사랑, 남겨진 것은 고단한 일상뿐이지만, 내일은 분명히 좋은 날이 올 것이라는 믿음으로 주인공은 오늘도 힘찬 발걸음을 내딛는다.

부연설명 : 2020년에 만들어졌던 영화 〈용길이네 곱창집(야키니쿠 드래곤)〉을 우연히 보고, 가족이라는 공감할 수 있는 감정을 적어본다. 사람은 각자 환경도, 표현 방법도 다르지만 가족에 대해서는 각별히 애잔해지는 것 같다.

   죽음으로서 결국에 가족은 헤어지게 되는데, 살아가기 위해서 헤어지는 현실은 우리의 운명인가? 함께 있을 때는 그 크기를 알 수 없었던 행복은 왜 피부에 와 닿지 않는 것인가! 꼭 갇혀 있어야만 소중하게 느껴지는 자유 같은 것인가!

   표현하는 방식이 달라도 서로가 가족에 대해 느끼는 감정은 애잔하다. 가족은 살아서도 죽어서도 헤어져야만 하는가! 살기 위해서 가족과 함께하는 행복은 왜 지나간 버스처럼 아쉬움만 남는 것일까! 작품의 대사는 많은 부분이 일본어라서 번역기로 감상평을 일본어로 표현해 봤다. 일본어로 작성했을 때 어떤 느낌일지 눈으로 보고 싶었다. 이질감도 다양성도 함께 느껴진다. 외국어를 알아가고자 마음은 있지만 공부라는 형식을 빌려서 실행하고 싶지는 않았다. 시나브로 자연스럽게 알아가게 되면 좋을 것 같다. 다음부터 부연 설명은 피할 것이다. 돌이켜보니 사족이다.

가시덩굴

그 사람은 검은 비가 내리는 어두운 길에 서 있었다. 어둠은 그의 찬란한 미래를 지워버렸고, 검은 비는 그가 만들어 놓은 화려한 삶을 휩쓸고 지나갔다. 한줄기의 가로등 불빛은 현실보다 더 칠흑 같은 어둠으로 그의 어깨 위로 내리고 있었다. 그의 이야기를 듣지 않았지만, 그 광경은 그 사람의 모든 상황을 보여주는 것 같았다.

얼마나 지났을까. 그는 가시덩굴 안에 쪼그러 있었다. 가시덩굴을 한참 동안 그는 온몸을 둘러싸고 있었다. 그를 더 답답하게 만드는 것은 아무것도 하지 않았다는 것을 스스로 증명해야만 하는 것이었다. 그것만큼 어려운 것은 없었다.

그가 움직일수록 가시덩굴은 온몸을 죄어왔고, 숨쉬기조차 힘들었다. 덩굴의 가시들은 마치 화살처럼 그를 향해서 맹렬한 속도로 날아와서 온몸에 꽂혔다. 아프기보다는 숨이 턱 막혔다. 멍했다. 다리에 힘이 없었다. 그 자리에 주저앉아서 일어날 수 없었다. 덩굴 밖에서는 사람들의 소리가 들렸고, 희미하지만 불빛들도 보였다. 하지만 그는 보지 않았고, 듣지 않았다. 그가 할 수 있었던 최선의 선택이었을까? 결국 그는 모든 것을 포기하고 그대로 덩굴 안에서 영원히 잠들어 버렸다.

가시덩굴을 손쉽게 헤쳐 나올 수도 있다. 하지만 그는 그냥 그 안에 남아 있었다. 선택은 그의 몫이었다. 지나온 발자국은 커다랗게 남아있었고, 앞으로 나아가야 할 길은 보이질 않았다. 그래도 걸어갔으면, 쉬지 않고 매일매일, 어제도 그랬듯이, 오늘도 그렇고, 내일도 그럴 것처럼.

그가 잠든 이후, 꽃은 피었다가 지고, 뜨거운 여름 더위와 가시덩굴이 잠길 것 같은 장마도 왔다가 지나간다. 가을을 지나서 다시 그가 떠난 계절이 오기를 몇 번 반복했다. 그러고는 그도 가시덩굴도 시나브로 그의 기억에서 사라져 버렸다.

헛것_검은 무엇인가가 그를 지켜본다

우리는 의식 또는 무의식중에 헛것이라고 말로 표현하기 어려운 이상한 것을 본 적이 있을 것이다. 사막의 신기루 같은 것인가? 피곤해서 잘 못 본 것으로 대부분이 대수롭지 않게 생각할 수도 있다. 우리의 의식은 계절의 변화처럼 자기 삶의 흐름에 따라 헤어지면서 만나고, 또 멀어지면서 다가온다. 멈춰 있는 것, 흘러가는 것, 규칙적인 불규칙들, 돌고 도는 삶에서 짧은 순간에 본 헛것은 우리의 과거였고, 현재였고, 미래였다. 스스로가 자기 자신에게 알려주는 징후다.

또 다른 그에게 하고 싶은 이야기

 어느 날 그는 책을 사기 위해서 대형 서점에 간다. 인터넷으로 책을 사는 것은 편리하다. 하지만 서점에 가면 항상 새로운 영감을 얻을 수 있다. 그 영감을 구체화해서 실천한 결과물은 아직까지 없지만 그래도 서점에 가면 늘 기분이 좋다. 서점의 계절은 항상 따스한 봄날의 햇빛 같고, 시원한 가을바람 같았다. 필요한 도서를 구매하고 이리저리 책 숲을 헤매던 중 발길이 멈춘 곳에는 유명한 애니메이션 원작의 책들이 전시되어 있다. 한 손으로 잡을 수 있는 작은 사이즈의 아기자기한 책 표지가 알록달록하다. 일본어를 못하기 때문에 자세한 내용은 알 수 없었지만, 표지의 그림만으로도 알 수 있는 유명한 책이 보인다. 그 구역에서 한눈에 들어오는 책이 한 권 있었다. "자신의 책(自分の本)" 참신하다. 무슨 내용일지 일단 펼쳐본 순간 더 놀랐다. 매 페이지에는 일자와 간략한 설명 같은 것이 있고, 1년 치 페이지가 텅 비어 있었다. "오~ 신박하다. 이런 책도 만들 수 있구나! 비어 있는 공간에 자기만의 이야기로 채울 수 있겠구나. 사라지고 잊힐 수 있는 생각들을 기록으로 남길 수 있겠구나!" 나중에야 그는 이런 부류의 도서가 많이 있다는 것을 알았다. 세상은 넓고 책은 많다는 것을. 비슷한 기능을 하는 것들을 여러 형태로 접할 수 있지만, 책으로 할 수 있다는 것을 직접 보니까 그는 새로운 영감이 떠오른다. 그도 책을 만들 수 있겠다. 시간의 흐름을 의식한 이후 마음의 안정을 찾아가며, 세상을

폭넓게 바라보는 시선의 여유도 생겨났다. 자기 자신의 삶과 주변에 대한 관심이 많던 그에게는 호기심이 봄날의 새싹처럼 새록새록 피어난다. 누군가에게 말한 이야기, 산책을 하면서, 책을 읽으면서, 영화나 연극을 보면서 떠오르는 생각들, 기억은 나지 않지만 수많은 꿈속의 알 수 없는 이야기들, 선생님이 문제를 내듯이 그는 그 자신에게 그 생각들을 문제로 만들고 싶어졌다. 누구나 자기의 입에서 나오는 말들은 결국에는 자기 자신에게 하고 싶었던 말이라는 것을 어렵지 않게 알 수 있다. 희미한 꿈속 4인용 식탁에서의 만남을 떠올리며, 화수분처럼 끊임없이 쏟아져 나오는 생각들에 생명을 불어 넣어보기로 한한다. 그 누구도 아닌 또 다른 그에게 하고 싶은 이야기를 준비한다.

검은색의 무엇인가

뜨거운 태양에 증발되는 대지의 물은 돌고 돌아 다시 비로 내려와 대지로 돌아간다. 물은 액체에서 기체로, 때로는 고체로 성질이 변하기도 한다. 그는 어느 여름날 자전거를 타고 동네를 이리저리 돌아다닌다. 페달을 힘껏 밟아 멈춰있는 바람에게 다가간다. 바람을 느낄 수 있다. 바람이 다가오지 않으면 내가 다가가면 된다. 한참을 달리면 내 몸에서 흐르는 땀과 식어가는 열기 사이 작은 차이가 느껴진다. 운동이 필요하다는 건강검진 이후 운동으로 걷기 시작했다. 걷기도 하고 자전거를 타기도 한다. 자전거는 행동반경을 넓혀 주었고, 안전하게 속도감을 느낄 수 있다. 갈증을 해결하기 위해 편의점을 찾아다녔고, 골목길을 지나는 순간 시야의 왼쪽 벽 쪽에 무언가 검은색이 웅크리고 있는 것을 보았다. 순식간에 지나가서 다시 돌아와 봤다. 아무것도 없는 그냥 벽이었다. 더워서 헛것을 보았는지 생각했지만, 그 잔상은 잊히지 않았다.

 몇 년이 지났다. 그는 시내 중심가로 이사 갔다. 지금도 습관처럼 걸으면서 동네를 산책한다. 그는 건강도 돈과 같이 저축을 하면 나중에 언젠가는 써먹을 수 있다고 생각한다. 한 겨울 완전 무장을 하고, 발길 닿는 대로 걸어 다닌다. 한 시간 남짓 걷다가 넘어서 집으로 돌아간다. 집으로 돌아가는 길 건물을 짓고 있는 공사장 사이에 있는 작은 골목길이 눈에 들어온다. 나는 그 길로 걸어 들어간다. 100미터도 안 되는 짧은 길, 저녁 10시가 지나가고 있지만 어둡고 인적도 없다. 내키지는 않지만 걸음은 이미 그 골목길을 가로질러 가고 있다. 몇 걸음 안 가서 내 앞에서 마주 오고 있었던 짙은 검은색의 무언가가 보였다. 모자를 쓴 것인지 외투가 큰 것인지 머리와 양팔 양 다리 다섯 군데로 나누어진 별모양이었다. 검은별인가?라고 생각하는 순간, 목덜미가 찌릿해 왔다. 너무나도 갑작스러워서 놀라움을 표현할 수도 없었다. 그냥 자연스러운 척하고 앞으로 걸어가야만 했다. 순간 그 검은 물체는 시야에서 사라졌다. 몇 걸음 더 걸어가자, 우측 편 건물의 유리문 안에는 검은색의 무엇인가가 벽을 보고 있는 것이 그의 시야 구석에 들어왔다. 고개를 돌릴 수가 없었던 그는 최대한 자연스럽게 그 상황을 보려고 했다. 검은 무엇인가는 그의 시선을 피하는 것처럼 느껴졌다. 오! 이것은 무슨 일인가? 이상하다. 그 자리에 멈춰서 그 상황을 이해하고 싶은 생각도 들지 않았다. 누군가가 있는 것 같지만 아무도 보이지 않는 어두운 골목길을 계속 걸어갔다. 불과 몇십초도 안 되는 짧은 순간에 그 골목길을 빠져 나왔지만, 시간이 멈춰진 것같이 느껴졌다. 이 골목에서 움직이고 있는 것은 그의 머릿속에서 용솟음치는 생각과 심장밖에 없는 것 같았다. 생각과 심장은 아주 격렬하게 움직이고 쿵쾅거렸다. 한숨을 돌리고 차마 고개는 돌릴 수 없어서 핸드폰을 거울로 삼아 슬쩍 뒤를 쳐다본다. 그 골목길에는 아무도 없었고, 아무런 움직임도 없었다. 그는 안도의 숨을 쉬면서 빠른 걸음으로, 집으로 돌아갔다.

4인용 식탁

　이건 꿈인가 생시인가! 지금 자고 있는 건가? 깨어있는 건가? 어제 저녁 운동하고 샤워한 다음 바로 잤는데, 지금 아침인가? 꿈인가? 그는 여기가 어디고 언제인지 모르는 채 어느 장소에 있었다. 그곳은 밝지도 어둡지도 않았고, 눈앞에는 4인용 식탁이 놓여 있다. 식탁이지만 식사를 하는 곳은 아닌 것 같다. 그곳에는 알 수 없는 3명이 앉아서 기다리고 있었다. 어딘가 비슷한 모습, 서로 조금씩 닮아 있는 모습, 그들은 다른 시간을 보내고 있었던 그의 다른 모습이었다. 굳이 따지자면 어린아이, 젊은이, 노인의 모습을 하고 있었다. 그들은 반갑게 그를 맞이해 줬다. 그는 영문도 모른 채 그냥 멍하니 서 있었다. 잠시 후에 정신을 차리고 그들과 악수를 하고 인사를 나누었다. 어린 시절과 젊은 시절의 그는 과거의 모습이 떠올라서 금방 알 수 있었다. 하지만 노인은 그 같기도 하고 다른 사람인 것 같기도 했다. 하지만 노인은 그를 가볍게 안아주었다. 수고했다고. 그동안 열심히 살아 주어서 내가 앞으로 더 살아갈 수 있을 것이라고. 그의 뺨에는 알 수 없는 눈물이 흐르고 있었다.

　살아가면서 있었던 꽤 힘들었던 몇몇의 에피소드를 겪었던 순간들이 주마등처럼 순식간에 스쳐 지나갔고, 그 상황을 정신없이 헤쳐나가면서 힘겨운 시간을 보낸 것을 마치 다 알고 있다는 것처럼 수고했다는 말을 듣고 나니, 그도 모르게 눈물이 흐르고 있었던 것이었다.

자리에 앉으니 마음이 편안해졌다. 그까지 식탁에 앉은 4명을 둘러보니, 마치 봄 여름 가을 겨울로 변하는 계절처럼 인생도 비슷한 흐름이 아닐까 하는 생각이 들었다. 지금이 여기가 어디인지 궁금해하는 순간부터 그는 누군가의 시선을 느끼고 있었다.

   밝지 않은 곳에서 누가 여기를 지켜보고 있는 것일까? 그는 궁금했다. 왜 여기 있고 또 다른 모습이 모여 있는 것일까? 수많은 궁금증이 생겼다가 사라기를 반복한다. "시간의 흐름에도 봄·여름·가을·겨울이 있듯이 우리의 삶의 흐름에서도 계절의 변화가 있을 때마다 한 번씩 이렇게 모이기도 해." 어린 모습의 그가 말했다. 이번이 우리 삶에서 세 번째 만남이라고 했다. 만나고 나면 다시 잊어버리지만 잘 생각해보면 기억날 수도 있을 것이라고, 그는 도무지 기억나지 않았다. 하지만 그는 자신이 과거의 모습을 보면서 마음은 편안해졌다. 아니 편안하기보다는 뿌듯한 감정을 느꼈다. 지난 삶의 시간을 무탈하게 보내왔던 또 다른 그들이 고맙게 느껴졌다. 그래서 그는 어린 모습과 젊은 모습의 그에게 그동안 잘 버텨줘서 고맙다고 말했다. 늙은 모습의 노인이 그에게 수고했다고 나를 안아준 것과 같은 마음이었다. 그와 같은 그들은 짧지 않은, 아니 길지 않은 시간 동안 이야기를 한 것 같다. 지나온 이야기를 회상하면서 앞으로 어떻게 해야 하는지에 대해서 궁금했다. 노인은 너무 걱정하지 말라고 이야기한다. 지금까지 잘 지내온 것처럼 앞으로도 잘 지낼 수 있을 것이라고, 또 어린 그와 젊은 그 역시 앞으로 살아갈 노인이 될 그를 많이 도와주어야 한다고 말했다. 말도 안 되는 상황, 꿈인지 현실인지도 분간이 안 되는데, 이게 다 무슨 말이란 말인가. 이런저런 이야기를 나누는 도중에 그의 시야가 흐려진다. "내가 나를 도와서 지금까지 살아왔고, 앞으로도 살아갈 수 있는 거구나."라는 생각을 하면서 의식을 잃어버렸다. 그 순간에도 한쪽 구석에서 그들을 지켜보던 누군가는 자리에서 사라졌다.

흐름을 의식하기 시작하다

그는 40대에 접어든 한참 열심히 일하는 회사원이었다. 대도시에서 사는 곳은 자녀들의 교육 환경을 고려해서 사는 곳을 정하였기 때문에 지금 다니고 있는 회사와는 멀리 떨어져서 살 수밖에 없었다. 집에서 일찍 나가고, 늦게 돌아오는 일상의 반복이었다. 집은 단지 잠자고 쉬는 용도였고 주말이 돼서야 가족들과 함께 마주보며 밥을 먹고 시간을 보낼 수 있었다. 그가 일터로 가는 길에는 한강을 따라 가야했다. 떠오르는 태양을 등지고, 지는 석양을 등지고 강물이 흐르는 대로 거슬러 가는 대로 지나간다.

한강에는 두 개의 길이 있다. 하지만 그는 항상 자기가 달리고 있는 길이 막힌다고 생각한다. 운전하다가 힐끔 쳐다보면 강의 반대편은 그보다 빨리 달리는 것으로 보이기 때문이다. 남의 떡이 크게 보이는 것인가? 아니면 항상 그에게 적용되는 머피의 법칙인가? 그가 사는 대도시는 아무리 일찍 나와도 도로는 항상 차량으로 가득 차 있었다. 문득 그는 이렇게 차가 많은데 내가 어떻게 할 수 있는 방법이 없지 않은가! 이 차량의 흐름 끝에는 내가 원하는 목적지가 보일 것이다. 차가 막힌다고 불평하지 말고 이 흐름에 나와 차를 맡겨보자. 이렇게 생각하고 차가 천천히 가면 천천히 가는 대로 가다 서다 하면 따라서 가기도 서기도 하면서 흐름에 몸을 맡겼다. 그 이후 그는 흐름을 의식하고 의식을 흐름에 맡기면서 마음이 편해졌다. 머리는 맑아지고, 몸도 가벼워졌다. 기분 탓인가! 똑같은 상황인데 마음먹기에 따라서 세상은 달리 보였다.

아무도 가르쳐 줄 수 없는 시간의 흐름, 거스를 수 없음을 의식하면서 그를 둘러싼 시간의 흐름에 대해서 앞으로 많이 생각하게 되었다. 너무 늦지도 빠르지도 않은 나이에 의식하기 시작했으니, 그동안 살아왔던 시간들은 헛되지 않았다. 그의 또 다른 모습들이 자신의 계절에 열심히 살아주었기 때문일 것이다. 지금 자기 자신에게 주어진 상황이 어렵고 힘들다면 그 흐름에 자연스럽게 몸을 맡겨보자. 조금은 견디기 수월할 것이다. 우리는 벗어날 수 없는 시간의 흐름을 의식해본다.

넘지 못하는 산 건너지 못하는 강

검은 무엇인가는 숲속의 그늘에서 걸어 나왔다. 눈앞에는 산과 강이 보인다. 바람도 불지 않고, 구름이 만들어준 그늘로 날씨는 선선하다. 무의식중에 저 앞에 보이는 높은 산을 넘고 싶어졌다. 걸음을 시작한다. 몇 날 며칠을 걷는다. 가도 가도 산은 멀찌감치 떨어져 있다. 언제 걷기 시작했는지를 잊어버릴 정도로 걸어갔다. 힘도 들지 않는다. 그냥 운동 기구에서 제자리 걷기를 하고 있는 느낌이었다. 가야만 한다는 목적과 갈 수 있을 것이라는 희망은 어느새 머릿속에서 사라졌다. 결국에는 생각 없이 걷다가 걸음을 멈추고 만다. 걸음을 멈추고 나니 바람이 불어온다. 시원하다. 내가 왜 걸어 왔던 것일까? 다시 주위를 둘러본다. 마치 자석에 끌리는 것처럼 반대편에 보이는 강으로 걸어간다. 다시 걷기 시작한다. 얼마 지나지 않아 강에 도착했다. 강의 깊이를 알 수 없지만 본능이 이끄는 대로 한 걸음씩 물속으로 걸어 들어간다. 발이 젖는다. 발목에 이어서 무릎까지 물이 차오른다. 하지만 강의 깊이는 변하지 않는다. 강이지만 물살의 흐름은 거의 없는 것 같다. 저 멀리 강 건너편의 모습이 보이지만 아무리 걸어가도 강을 건널 수는 없었다.

몇 날 며칠 동안 물속을 걸었다. '왜?'라는 의문이 사라졌다. 왜 건너가려고 했던 것일까? 그만 돌아가야겠다고 마음먹은 순간 저절로 나오는 한숨에 마음이 편해졌다. 뒤돌아서서 강에서 나오는 시간은 얼마 안 걸린 것 같다. 지친 것인지 피곤한 것인지도 모르겠다. 숲속의 나무 그늘에 앉으니 그제야 구름에 가린 해가 서서히 나오기 시작한다. 나무의 그늘 속에서 산과 강을 바라본다. 잠깐 전에 산을 넘어보고, 강을 건너고 싶다는 생각을 한 것 같다. 나는 저 산과 저 강 안에 갇혀있는 것인가! 이곳에는 나만 갇혀 있는 것인가? 시간은 흐른 것 같지만 변한 것은 없었고, 굳은 결심과 목적, 희망 같은 것들은 있었는지도 모를 정도로 기억에서 희미해졌다.

시간과 공간 안에 갇혀 있는 것 같다. 그 경계가 흘러가지만 물살의 흐름은 보이지 않고, 깊이를 알 수 없는 강과 높이를 알 수 없는 산, 시간의 흐름을 거슬러 돌아갈 수는 없었다.

　단지 뒤돌아볼 수 있을 뿐, 주어진 시간의 흐름 안에서 돌고 도는 것인가! 시간과 공간을 초월할 수는 없다. 그 순간 자신이 해야 하는 본질을 찾아내고, 그것을 묵묵히 해야 한다는 생각이 들기 시작했다. 그제야 자신이 이곳에서 무엇을 해야 하는지 머릿속에 떠올랐다. 다시 그들을 지켜보기로 한다. 검은 무엇인가는 다시 숲속의 그늘 속으로 돌아갔다.

꿈을 지우는 관찰자

4인용 식탁에서 만난 그들은 결국 한 사람이기 때문에 의식을 공유할 수 있었다. 현실에서는 불가능하지만 무의식의 상태가 되면서 꿈을 통해서 자기의 시간 동안 일어나는 일들을 공유할 수 있다. 자기에게 주어진 시간 동안 생각하고 실천하고 계획한 것들을 꿈을 통해서 서로에게 이야기한다. 서로 다른 환경에서 다른 생각을 가지고 살아왔고, 살아가고, 살아갈 그들이 꿈이라는 매체를 통해서 소통할 수 있었다.

하지만 기억에 남아 있는 내용은 거의 없다. 매번 관찰자가 꿈을 지워버리기 때문이다. 충격적이거나 받아들이기 힘든 내용들은 아무리 지워도 잔상으로 남겨져서 그 꿈의 일부분이 남아서 가끔 회상된다. 그래서 그가 잠을 자야만 꿀 수 있는 꿈은 언제나 사라진다. 관찰자는 오늘도 꿈을 지워진다.

4인용 식탁에서의 그들의 만남도 관찰자가 지켜보면서 그들의 기억을 지워버린다. 인생에서 계절이 변하는 것처럼 네 번의 순간에 관찰자는 그들이 서로 만날 수 있도록 식탁과 시간을 마련한다. 그들이 서로가 완전체임을 확인하고, 그들의 의식의 흐름이 정체되지 않고, 의미 있는 삶을 완주할 수 있도록 조용히 지켜본다. 인생의 흐름이 완전하게 마무리될 수 있도록 관찰한다.

그가 지나온 삶과 앞으로 나아갈 삶은 희로애락으로 점철되어 진다. 다가올 삶은 기대가 아닌 걱정이 될 수도 있다. 시간은 무한히 반복된다. 어디론가 흘러가는 것 같지만 결국에는 다시 원점으로 돌아가는 것이다. 반복적으로 일어나는 자연현상은 우리의 눈앞에서 일어나고 사라진다. 그가 지금까지 잘 지내왔다고 앞으로도 잘 견딘다는 보장은 없다. 또 항상 현명하게 모든 일을 대처하는 것도 아니다. 자신의 의지와는 다르게 세상의 짐이 그를 억누르는 상황이 발생할 수도 있다. 다른 시절의 그들이 그를 걱정하지만 마음이 여리고 배려심이 있는 성품의 그는 길고 지루한 시간들을 잘 보내고 있었다. 특히 힘들어할 상황에 대해서 어린 그가 꿈속에서 알려주었지만 관찰자가 기억을 남겨둘 리가 없었다.

매번 꿈이 지워지기 때문에 앞으로의 미래를 대비할 수는 없다. 다만 평소의 삶을 살아가는 태도와 스스로 만들어가는 인성이 자기 운명의 변수를 줄여가면서 나아갈 수 있는 것이다. 지워지는 꿈들은 시간의 흐름으로 계속 흘러 들어가고, 그 흐름을 알게 되는 의식의 디딤돌이 된다. 작은 시간이 모여서 큰 시간의 흐름을 만들 듯이 여러 사람의 꿈이 모여서 그 꿈도 하나의 흐름을 만드는데 밑거름이 된다. 살아있는 자가 죽어가는 꿈을 꾸고, 죽어가는 자는 살고자 하는 꿈을 꾸는 현실사회, 지금까지 그는 자신의 시간에서 가장 혹독한 시간을 보내고 있는지 모르겠다. 누구나 자신만의 산에 올라가야 하며, 자신만의 강을 건너야 한다. 산이 높을 수도 강이 깊을 수도 있다. 아니면 반대일 경우도 있을 것이다. 하지만 그 누구도 도와줄 수 없다. 그냥 곁에서 지켜볼 뿐이다. 결국에는 내려와서 자기만의 시간을 마무리해야 한다. 꿈꾸지 않는다고 꿈이 없다고 할 수 있겠는가! 관찰자는 오늘도 현실 속 그의 꿈을 지운다.

시작점과 도착점

관찰자가 지켜보는 수많은 대상들. 그중 하나인 그 역시 다른 대상들과 마찬가지로 그의 의식의 흐름은 어린 시절, 젊은 시절, 현재와 미래 노인의 시간과 그의 삶 전체의 의식이 어우러져서 삶의 이루고 있다. 그의 큰 세계는 하나의 점이 되어서 다른 점들과 함께 시간의 흐름 안에서 어디론가 흘러간다.

시간의 흐름 안에서 시작은 끝과 맞닿아 있다. 시작과 시작이 만나고, 끝과 시작이 시작과 끝이 그리고 끝과 끝이 만나서 결국 하나의 점이 되는 그의 세계로 향한다. 지금은 어린 시절과 젊은 시절의 두 개의 시간을 지나서 있는 것처럼 보이지만, 관찰하다 보면 그 시간들은 결국 그의 전체의식이 흘러가는 큰 하나의 시간 안에 있는 것이다. 그 만의 시간, 그리고 그 시작과 끝에 대한 기준은 없다. 그래서 시작이 끝이고, 끝이 시작일 수 있다. 동시에 모든 시간은 흘러간다. 또 그 안에 그는 서로 다른 그가 있는 줄 알 수도 있고, 모를 수도 있다.

모든 것이 그 자신의 관심이 어디에 있는가에 따라 다른 것이다. 시간과 의식의 흐름의 시작과 끝, 끝과 시작 사이에서 일어나는 일은 주의 깊게 관찰하는 것이 요즘 그의 최대 관심사이다. 대부분 흐름의 굴곡에는 그 전에 원인이 있고, 전조증상이 있다. 가끔은 알 수 없는 그 틈 사이에서 새로운 시작과 끝이 나타나기도 한다. 대부분은 시간과 의식의 흐름 속에서 잊혀버리고 아무런 일도 없는 듯 흘러간다. 시작점은 시간의 흐름이 영원히 멈추지 않는 이상 알 수가 없다. 도착점 또한 알 수는 없지만 다시 시작되기 때문에 굳이 알 필요도 없을 것이다. 씨앗이 새싹으로 자라나서 열매를 맺고, 그 열매에서 나온 씨앗이 다시 새싹으로 자라나는 것과 별반 다르지 않다. 시작은 출발인 동시에 도착이고, 끝은 도착인 동시에 출발인 것이다. 영원히 시간은 흐를 것이고, 그 영원 속에 우리의 의식도 함께 흘러가는 것이다. 그것을 지켜보는 것이 검은 무엇인가가 관찰자로서 했던 일이고, 앞으로 해야 하는 일이다. 시작과 도착의 그 중간에 전조증상을 통해서 미리 언질을 주기도 하지만 대부분은 알아채지 못한다. 가끔 지나간 다음에 그것을 알아차리고, 자신의 또 다른 자신에게 그것을 알려주기로 마음먹지만 망각의 바람은 작은 기억들을 쉽게 날려 버린다. 사람들은 기한이 정해지지 않은 시간 안에서 흘러간다. 시작도 끝도 알 수 없는 미지의 어둠 같은 망망대해에서도 등대를 찾아내고, 자신만의 길을 만들어 낸다. 그 역시 그 만의 길을 만들어 간다.

그는 오늘도 건강을 위해서 도심 속을 걷고 있다. 큰길은 밤이 늦어도 차가 많이 다니고, 사람들도 많이 돌아다닌다. 정처 없이 걷다가, 순간 맞은편에서 커다란 사람이 마주 오고 있었다. 그보다 머리 하나가 더 커서 2미터는 넘어 보였다. 검은색보다 더 어두운 옷을 입고 있었고, 머리에 모자는 마치 조선시대의 갓 모양이었다. 한 번도 본 적이 없는 복장을 하고 있었고, 처음에는 단지 '크구나' 하고 생각했다. 하지만 검고 커다란 풍채에서 검게 빛나는 눈동자를 보면서 등골이 오싹했다. 눈빛으로 무엇이든 할 것처럼 보였다. 흐트러짐 없는 자세로 마치 텔레비전에서 본 모델처럼 일자로 걷고 있었다. 강렬한 눈빛은 정면을 향하고 있어서 다행히 그와 마주치진 않았다. 이번에는 몰래 뒤돌아볼 생각도 못 했다. 그냥 가야 할 길을 빠른 걸음으로 걸어갔다. 이건 또 무슨 일인가 앞으로 무슨 일이 일어날 것인가! 그는 어렴풋이 예전에 보았던 검은 무엇인가가 떠올랐다. 또 다른 무엇인가가 있는 것인가!

6장

할아버지와 친구가 된 손자

박
해
룡

공군에서 푸른 제복과
30여 년을 함께했고,
자연과 함께하며
동심으로 돌아가고 싶다.
무언가 의미 있는 글을 쓰고 싶다.
그것이 나를 위한 것이든
다른 사람을 위한 것이든….
이제부터 시작입니다.

찬유의 출생

2022년 9월 16일

딸의 산후조리를 도와주기 위해 아내가 미국에 간 지 보름 만에 반가운 소식이 들려왔다. 드디어 나도 할아버지가 되었다. 주변의 지인들의 경우 자녀가 결혼하여 자식을 낳으면 아기를 봐 주겠다는 사람도 있지만 절대 봐주지 않겠다는 사람들도 많이 있다.

우리 집의 경우는 아기가 세상에 나오기 전부터 아내가 딸에게 아기를 낳으면 육아를 도와주겠다고 약속했다. 자식의 육아를 도와주는 일은 좋은 일이라 생각하면서도 현실적인 판단을 하지 않을 수 없었다. 딸과 사위는 미국에 살고 있고 나와 아내는 서울에 있으며 조그만 가게를 운영하고 있었다. 아내가 육아를 도와주기 위해 미국으로 가면 나 혼자 가게를 운영해야 하고 알바가 문제가 생기면 내가 감당해야 하는 어려움이 있다.

아무튼 이러한 사정은 혼자 남아있는 나의 몫으로 맡겨버리고 아내는 출산을 앞두고 있는 딸을 위해 나와 가게를 남겨둔 채 미국으로 출발했다. 아내가 미국에 도착한 지 약 보름 정도 지난 후에 외손주의 출산 소식이 들려왔다. 모든 가족의 염려와 축복 속에 외손주는 우렁

찬 울음소리와 함께 건강한 모습으로 세상으로 나왔다.

외손주가 태어나기 전 딸은 새로 이사한 집으로 내가 커다란 식탁을 들여 주는 꿈을 꾸었다고 한다.

태어난 외손주의 이름은 루카스(Lucas : "빛나다"를 의미하는 라틴어 "lucere"에서 유래)라고 이름을 지었다. 한국 이름은 "찬유"라고 지었다.

이제 루카스의 시대가 시작되었다.

병원에서 퇴원후 외할머니의 품에 안긴 루카스(2022년 9월 20일)

병원에서 퇴원하기 전 엄마, 아빠와 루카스

육아를 위해 미국으로 출국

2022년 12월 20일

루카스가 태어나고 아내와 안사돈이 딸의 육아를 도와주었는데 이제는 내 순서가 되었다. 사위와 딸이 직장 생활을 하고 루카스가 너무 어려서 딱히 보육시설이나 다른 사람에게 맡기기도 어려운 실정이었다.

나에게 육아를 맡기면서도 딸과 사위 그리고 아내도 심히 염려스러운 마음들이었다. 과연 잘 할수 있을까? 그러나 별다른 선택의 여지가 없기에 검증되지 않은 나에게 임무가 맡겨졌다.

인천공항을 출발하여 워싱턴 덜러스 공항에 도착할 때까지 많은 생각이 머릿속에서 맴돌았다.

나와 아내도 둘 다 직장 생활을 하는 바람에 장인, 장모님께서 우리 자식들이 초등학교 다닐 무렵까지 키워 주셔서 육아에 대해서는 부족한 점이 많고 특히 나의 경우는 잦은 근무지의 이동과 아이들과 함께 지내는 시간이 적어서 더더욱 그러하다. 그러나 중학교 때부터 유학 생활을 하며 어려움을 잘 극복하고 현실에 충실하게 살고 있는 딸과 가족들을 위해 헌신하며 살아가는 아내를 생각할 때 지금이 내가 가족을 위해 조그마한 역할을 할 시기라 생각되었다. 내가 루카스의 주간 양육을 전담하는 기간은 12월 하순부터 다음 해 3월 초순까지 3개월 정도였다. 그래서 익숙하지는 않지만 부딪혀 보고 누구보다도 잘할 수 있다고 스스로 다짐하였다.

사위와 딸이 출근하면 집에서는 귀여운 루카스와 나, 그리고 얌전한 고양이 퐁킨의 일과가 시작된다. 경계심이 강하고 조심스러운 퐁킨은 루카스와 내가 함께 있을 때는 지하에 있는 방으로 내려가서 올라오지 않는다. 일주일 정도의 시간이 지나고 루카스를 방에다 재우고 내가 혼자 텔레비전을 보고 있으면 퐁킨이 살금살금 내 옆으로 와서 팔에다 얼굴을 비비기도 하며 친근감을 나타내기 시작했다.

딸에게 루카스의 잠재우기, 분유 먹이기, 기저귀 갈아주기, 놀아주기 등에 대한 설명을 듣고 다음 날부터 실전에 돌입하였다. 루카스를 보는 동안 느낀 점은 크게 보채지 않고 순한 성격의 아기라는 생각이 많이 들었다.

그렇지만 아기를 양육한다는 것은 쉽지 않고 힘든 일이라는 것을 알게 되었다. 아기가 자라서 스스로 거동을 하기 전까지는 아기를 돌보는 사람이 필요한 역할을 해야 하기 때문이다. 또한 아기들은 말이 아니라 표정과 울음으로 자신을 표현하기 때문에 아기가 무엇을 필요로 하는지 정확히 파악하고 그에 맞는 조치를 해야 한다. 생활 리듬을 보면 수면시간은 1시간에서 2시간 정도 어쩌다 길게 잘 때는 3시간

정도 자는 경우도 있었다. 잠에서 깨면 기저귀를 갈아주고 엉덩이 피부 등을 깨끗하게 닦아준다. 기저귀를 갈아줄 때도 한 손으로 아기의 발을 모아서 들고 엉덩이 등을 다른 손으로 닦아 주어야 하니 손목에 무리가 많이 간다. 다음에는 분유를 먹인다. 먹기에 적당한 온도로 분유를 준비하여 아기의 머리, 어깨, 엉덩이가 일직선이 되도록 한쪽 팔과 손으로 받쳐주고 다른 한 손으로는 우유병을 잡고 수유를 한다. 수유 중간 중간에 부드럽게 만져주거나 문질러주어 트림을 시켜 준다. 나중에 아기가 조금 커서 스스로 젖병을 잡고 분유를 먹는 것만 해도 육아를 훨씬 수월하게 하였다. 아기가 깨어 있을 때 모빌 보기, 촉감놀이 등도 좋아하지만 가슴에 안고 노래를 불러 주면 안정감과 편안함을 느끼는 것 같았다. 이러한 과정들이 단순하지만 신체의 특정 부분들을 반복적으로 사용해야 하다 보니 몸에 무리가 많이 가게 되고 누군가 한 사람이 담당하기에는 어려움이 있어 서로 분담을 해야 한다는 것을 이제야 깨달았다.

　루카스를 돌보는 동안 가장 당황스러웠던 일은 평상시와 같은 양의 분유를 준비해서 먹이는데 가끔 먹는 양이 부족한지 더 달라고 보채서 분유를 준비하는 동안 그치지 않는 울음소리로 아직도 귀에 쟁쟁하다.

　아기들의 생활패턴은 짧은 시간을 주기로 반복이 되다 보니 내가 하고 싶은 것을 하기에는 제한이 많았고, 거실에서 텔레비전을 시청하면서도 귀는 루카스가 자고 있는 방으로 향하고 있었다.

이렇게 하루를 지내다 보면 딸이나 사위가 퇴근해서 오는 시간이 자연스럽게 기다려집니다. 사위와 딸은 직장에서 하루 종일 일에 시달리다가 집에 오면 내가 혼자서 할 수 없는 아기 목욕을 시키고 육아로 연결됩니다. 집안에 아기가 태어나는 것은 사람이 살아가면서 가장 큰 축복이지만 그것을 감당하기 위해서는 주변의 모든 사람들이 적지 않은 노력과 희생을 쏟아야 합니다.

쉽지 않은 하루였지만 아침에 눈을 뜨면 어제와 같은 일과가 시작된다. 이른 아침 일찍 일어나 루카스의 방긋 웃는 모습을 보면 어제의 힘들었던 기억이 순식간에 사라져 버린다.

우유병을 잡고 분유를 먹기 시작

루카스의 백일

2022년 12월 25일

　이렇게 지내는 동안 루카스가 세상에 나온 지도 100일이 되었다. 미국에서야 백일잔치라는 것이 없지만 과거 유아사망률이 높았던 한국에서는 아이가 100일 동안 무사히 자란 것을 기념하고, 앞으로도 건강하게 자라기를 기원하는 의미를 담고 있다. 한국에서 나고 자란 딸과 사위는 손주의 백일잔치를 위해 아름다운 장식과 백일 기념 카드 그리고 간단한 음식을 준비하여 단출한 백일잔치를 하였다. 기념 사진은 스마트폰으로 촬영하였다. 루카스가 가족 모두의 사랑과 축복 속에서 건강하고 밝게 자라기를 바란다. 백일이 지나고 나니 손으로 장난감도 잡고, 발차기도 힘차게 하며 몸을 뒤집기도 하였다. 지금까지는 누워서 노는 시간이 많았는데 이제는 보행기에 앉아서 한참씩 놀기도 한다. 그리고 스스로 우유병을 잡고 분유를 먹기도 한다. 하루하루 루카스의 성장하는 모습을 보노라면 신기하기만 하다. 2023년 2월 24일에는 집에서 가까운 팝타스코 밸리 주립공원을 찾았다. 이곳은 자연과 함께하며 산책을 즐길 수 있는 아름다운 공원이다. 기상이변으로 인해 예년보다 기온이 높다 보니 공원 늪지대 곳곳에서 개

구리들이 사방으로 뛰어다니고 물속으로 뛰어들기도 하였다. 공원 곳곳을 산책하다가 차가 다니는 길옆에서 이정표를 보고 있는데 차들이 멈춰 서서 가지를 않고 있었다. 그래서 딸이 제일 앞차에 있는 운전자에게 왜 지나가지 않느냐고 물어보니 '소중한 아기가 길을 건널 때까지 기다리는 중'이라고 대답하였다. 우리 때문에 차들이 서 있었다는 생각하니 미안한 마음이 들어 서둘러 유모차를 밀어 길을 건넜다. 그러면서 미국 사람들이 아기를 소중하게 여기고 안전하게 보호하는 것이 생활화되어 있다는 사실을 경험하게 되었다.

루카스의 백일사진(2022년 12월 25일)

팝타스코 밸리 공원 산책(2023년 2월 24일)

루카스가 태어난 메릴랜드대학교 볼티모어 워싱턴 메디컬 센터에서는 같은 시기의 임산부들이 그룹을 이루어 함께 진료를 받고, 출산과 육아에 대한 교육을 받는데 각 그룹은 8-12명의 임산부와 의료진으로 구성되며 정기적인 모임을 통해 임신, 출산, 신생아 돌봄에 대한 정보를 공유하는 CenteringParenting 프로그램을 운영하고 있다. 2023년 2월경에 딸과 루카스와 함께 이 프로그램에 참석했다.

대여섯 명의 신생아와 가족들 그리고 담당 의사와 직원들이 참석하여 프로그램이 진행되었다. 대부분의 아기들이 낯을 가리고 보채고 하는데 루카스는 내가 안고 있는 상태에서 다른 아기들을 보고 웃으면서 손짓하고 반가운 표정을 지었다. 담당 의사들과 보호자들의 상담이 진행되는 중에 루카스가 분위기 파악을 못 하고 소리를 지르며 기분을 내는 바람에 잠시 한쪽으로 자리를 옮기기도 했다. 이후로도 루카스는 사람들이 많은 곳을 좋아하고 사람들에게 스스럼없이 다가가서 친근감을 표현하고 어울리는 모습을 보이고 있다.

루카스는 밝은 것을 좋아한다. 천장에 달린 전등을 좋아하고, 밤에는 구름을 벗어난 달빛을 보고 좋아한다.

어느덧 시간이 흘러 3개월이 지났다. 미국에서 지내는 동안 딸과 사위는 내가 루카스를 돌보아 주는 데에 대한 고마움으로 항상 맛있는 음식을 챙겨주고 틈틈이 좋아하는 골프 연습을 할 수 있도록 간이 연습장도 마련해 주었다. 그리고 귀국하기 직전에 그랜드캐니언이 있는 서부지역 관광도 보내주었다. 그렇게까지 하지 않아도 되는데 루카스를 돌보아 주는 이상으로 딸과 사위에게 부담을 준 게 아닌가 하는 마음이 든다. 미국에서의 행복한 시간과 고마운 마음 그리고 아쉬움을 가지고 서울로 돌아왔다.

찬유의 첫돌

2023년 9월 16일

　찬유의 첫돌을 기념하기 위해 한국에 오고 여수에서 찬유의 돌잔치를 했다. 첫돌을 지나고 나서 찬유의 관심과 행동이 나타나기 시작했다. 처음으로 관심을 끌었던 것은 무선청소기를 들고 사방으로 청소하는 모습이었다. 부지런한 사위가 진공청소기로 청소하는 모습을 보던 찬유가 청소기를 받아서 흉내를 내는 모습이 점차 익숙해졌다. 키즈카페에 가서도 청소기를 가지고 즐겨 놀았다.

　여수에서 돌잔치를 마치고 근교 시골에 살고 있는 증조할머니댁에 가서 잠시 지내는 동안 찬유는 고구마밭에 가서 갈쿠리를 들고 고구마 캐는 일을 따라 하기도 하며 즐거운 시간을 보냈다.

2023년 11월 24일 사진

찬유 두 번째 한국생활

2023년 11월 15일

롯데월드 이야기(24년 3월 3일 사진)

　롯데월드 아쿠아리움은 세계 최대 규모의 해양 생태 수조로 민물에서 바다까지 생태계를 탐험할 수 있는 곳이다. 찬유가 처음으로 접하는 고래, 상어, 물개, 펭귄, 거북이 등 다양한 모습과 크기의 수중생물을 보면서 처음에는 겁을 먹고 머뭇거리는 모습을 보였지만 관람을 마칠 즈음에는 그들에게 친숙해져서 수족관에 다가가 손을 흔들기도 하며 친근감을 표현하기도 했다. 새롭게 접하는 환경과 생물에 대해서 아직은 그것이 무엇인지 정확히 알 수는 없지만 조금은 이해하는 기회가 되었다고 생각한다. 이곳에서 찬유와 함께 즐거운 시간을 보냈지만 한 가지 아쉬운 추억을 남겼다. 여러 가지 맛있는 음식을 먹을 수 있는 푸드코트의 한쪽 가장자리에 자동차 모양의 식탁이 있었다. 찬유가 그 식탁을 보고 너무 좋아해서 자리가 비면 그곳에서 식사를 하며 잠시 놀려고 했지만 이미 다른 아기와 가족들이 사용하고 있어서 다른 곳을 돌아보다가 잠시 들려서 운전대를 잡고 노는 찬유의 모습만 사진으로 남겼다. 그리고 찬유가 미국으로 가기 전에 다시 한번 이곳에 와서 자동차 모양의 식탁에서 식사를 하고 즐거운 시간을 가지려 했지만, 기회를 만들지 못했다. 언젠가는 내가 찬유에게 해줄 숙제로 마음에 담아두고 있다.

스크린 골프장에서 함께

2022년 3월 4일

내가 좋아하는 취미 생활 중에 등산, 골프, 자전거 타기 등이 있다. 모두가 건강관리에 좋은 활동이다. 어느 날 가까운 스크린 골프장에서 연습삼아 경기를 하고 있는데 아내와 딸이 찬유를 데리고 골프장에 왔다. 잠시 동안 내가 골프하는 모습을 지켜보더니 찬유가 타석으로 걸어와서 내가 잡고 있는 드라이버를 뺏더니 자기가 한다고 드라이버를 휘둘렀다. 찬유의 키보다 훨씬 긴 드라이버를 잡고 진지하게 노는 모습을 보니 귀엽기도 하고 대견스럽기도 하다. 언젠가 몽블랑 트레킹을 하면서 스위스의 한 지역을 지나고 있는데 눈에 들어오는 장면이 있었다. 할아버지, 아버지, 손주 등 한 가족이 트레킹을 하다가 산 중턱의 평평한 풀밭에 앉아서 휴식을 취하며 준비해 온 음식을 먹으며 즐겁게 대화를 나누고 있었다. 여유롭고 행복해 보이는 그들의 모습을 보면서 나도 아들과 손주와 함께 온 가족이 산행을 하는 모습을 꿈꾸어 봤다. 찬유야 너를 보면 꿈이 현실이 되어 간다. 건강하게 무럭무럭 자라서 함께 산에도 가고 골프도 치고 자전거 라이딩도 하자.

골프는 즐겁게

자전거는 안전하게

홍제천 산책_오리, 잉어

2024년 3월 17일

　찬유가 서울에서 지내며 자주 찾은 곳이 홍제천 산책로다. 홍제천에는 서울시와 서대문구가 함께 조성한 수변도시의 홍제폭포와 폭포를 관망하며 즐길 수 있는 폭포카페, 부속시설 등이 있고 인왕산 자락길과 연결되어 휴식과 산책을 즐길 수 있는 명소이다. 또한 홍제천 산책로를 따라 한강 방향으로 가면 성산대교와 만나게 된다. 홍제천에 가면 찬유가 좋아하는 잉어, 오리, 두루미 등의 친구들이 있다. 물이 적당히 고여 있는 곳에는 오리 가족들이 물놀이하는 모습을 볼 수 있고 오뉴월에는 어미 오리가 대여섯 마리의 새끼 오리들을 데리고 이리저리 노니는 모습이 여유롭기만 하다. 곳곳에 홍제천을 동서로 건너는 조그만 다리 밑에는 잉어들이 떼를 지어 있는데 사람들이 던져주는 먹이를 기다리는 듯하다. 그리고 홍제폭포의 바위 사이로 묵묵히 서 있는 소나무에는 두루미들이 단아한 자태로 앉아 있다. 찬유는 오리, 잉어, 두루미를 손가락으로 가리키며 나에게 뭐라고 설명하는데 내가 알아듣지 못한다. 찬유의 이야기를 알아듣지 못해도 동물과 자연을 좋아하는 마음이라 생각하며 나름대로 해석한다. 찬유를 데리고 처음 홍제천에 올 때는 유모차에 태우고 와서 내려놓으면 앙증맞게 걸어 다녔다. 점차 시간이 지나면서 제법 걸음도 빨라지고 나중에는 뛰어가는 데 따라잡기도 쉽지 않을 정도였고 징검다리를 건너서 왔다 갔다 하는 것을 좋아했다. 그리고 인상 깊은 것은 오르막길이나 계단을 만나면 뛰어 올라갔다가 내려와서는 또 뛰어 올라가기를 반복하면서 노는 것을 좋아하는데 모든 아기들이 다 그런 건지 아기들의 심리를 잘 알지 못하는 나로서는 신기하게 느껴졌다.

어린이집에 다니다

24년 3월~25년 5월

　찬유가 서울에 오래 머물게 되었다. 그러다 보니 집에서 지내며 시간을 보내는 것보다는 어린이집에 다니는 것이 찬유를 위해서나 찬유를 돌보는 가족을 위해서나 좋겠다는 의견이 모였다. 찬유를 어린이집에 보내려고 동네의 어린이집을 알아보았다. 집에서 가장 가까운 어린이집에 보내려고 가보니 아이들 수가 부족하여 조만간 문을 닫을 예정이라고 조금 떨어진 어린이집을 알려주었다. 출생률이 떨어지니 문 닫는 학교도 많아지고 어린이집도 문을 닫는 곳이 많아졌다. 나는 어렸을 때 충청북도의 제천에서 살았다. 그 당시에는 출생률이 높고 인구가 증가하여 학교 교실이 부족하여 오전반, 오후반을 하고, 새롭게 국민학교(지금의 초등학교)가 설립되는 일이 많았다. 어쨌든 우리 집에는 어린이집에 갈 찬유가 있고 어린이집에 다니게 되었다. 찬유가 어린이집에 다니면서 집에서 있을때보다는 변화되는 모습이 보였다. 인사를 하는 자세라든가 길을 건널 때 신호등을 보고 손을 들고 하는 것 등 조금씩 교육의 효과를 실감할 수 있었다. 그리고 어린이집의 운영시스템 좋고 선생님들도 열성적이었다. 선생님들은 담당한 아기들의 그날

활동 내용을 사진으로 찍어서 올려주고 아기들의 건강 상태, 심리 상태, 식사, 잠자기 등을 상세히 적어 알림장에 올려 주었다. 그러나 찬유가 어린이집 다니는데 순탄하지만은 않았다. 가끔씩 어린이집을 빠지고 친할아버지와 친할머니가 있는 여수에 가서 지내다 오면 꾀가 나서 그러는지 아침마다 찬유를 어린이집에 보내기 위해 전쟁이 벌어졌다. 아침에 일어나서 양치하고 식사를 한 후 옷을 입히려면 옷을 입지 않으려 하고 억지로라도 옷을 입히고 나면 장난감을 가지고 딴짓을 하곤 했다. 겨우 달래서 문을 나서면 어린이집 반대 방향으로 내달리기 시작한다. 그러면 뒤따라가서 찬유를 달래서 어린이집으로 힘들게 데려간다. 이러한 찬유의 모습을 보면서 뒤늦게 이해한 것은 날씨나 미세먼지 등으로 실내 활동이 많으면 어린이집 가기를 싫어하고 야외 활동이 있거나 키즈카페 등의 활동이 있을 때는 좋아하는 모습을 볼 수 있었다. 어른이나 아기나 모두 밖에 나가서 활동하는 것을 좋아하는가 보다.

즐거운 여름 방학

2024년 8월

　찬유와 함께 지내면서 우리 가족의 생활에도 약간의 변화가 생겼다. 젊은 시절에 딸과 아들을 키우면서 가끔은 가족여행을 다녔는데 정년퇴직하고 가게를 하다 보니 가족여행은커녕 아내와 함께 여행을 해본 지도 무척이나 오래되었다. 그러던 참에 찬유를 돌봐 주기 위해 가게도 그만두게 되고, 딸과 찬유가 일 년 넘게 한국에서 같이 지내게 되어 시간을 내서 여행도 하게 되었다. 어린이집이 방학을 하니 찬유와 함께 할 수 있는 시간이 많아졌다. 첫 번째 여행지는 인천 차이나타운이었다. (8월 1일) 차이나타운의 이 골목 저 골목 돌아보고 가까이 있는 자유공원도 구경하고 인천 앞바다 멀리까지 바라본 후 돌아오는 길에 제과점에 들러서 찬유에게 주려고 공갈빵을 샀다. 그렇게 달지 않고 담백한 맛이었는데 찬유가 순식간에 세 개를 먹어 치웠다. 아내와 딸도 공갈빵을 하나씩 나누어 먹었다. 세 사람이 공갈빵 먹는 모습을 보면서 아주 오래전의 추억이 생각났다. 아내는 빵을 무척 좋아한다. 그래서인지 딸도 빵을 좋아한다. 젊은 시절 어쩌다 제과점에 가면 아내는 많은 빵들 중에서 공갈빵을 제일 먼저 선택했다. 아내가 요즈음은 탄수화물 섭취를 줄인다고 빵을 멀리하고 있지만 공갈빵은 거부하지 않을 거라는 생각이 든다. 찬유 덕분에 오래된 추억을 떠올려 보고 그 시절로 돌아가 본다.

은가어린이공원 물놀이

2024년 8월 4일

 찬유는 물놀이하는 것을 좋아한다. 차이나타운을 다녀오고 며칠 지나서 집에서 가까운 은가어린이공원 물놀이터를 갔다. 작은 공원이지만 어린이들이 무더운 여름날 물놀이를 할 수 있도록 배려한 점이 돋보였다. 동네의 크고 작은 아이들이 복작거리며 물속에서 뛰어놀고 미끄럼을 타는 모습이 정겨웠다. 보호자들은 자신의 아이들이 다칠까 봐 잠시도 눈을 떼지 못하고 부지런히 따라다녔다. 아이들과 어른들의 움직임이 어우러져 동네 축제를 방불케 했다. 이런 분위기 속에서 찬유도 다른 아이들과 어울려 열심히 뛰어놀며 물놀이를 즐겼다. 한참 뛰어놀다가 지치면 간식과 음료수를 먹으며 잠시 쉬었다가 언제 그랬냐는 듯이 물속으로 달음질쳐 나갔다. 그런데 물놀이를 다녀온 뒤에 수족구병 증세가 나타났다. 다행히도 병원에 다녀오고 시간이 지나며 호전되었다.

파주 임진각 방문

2024년 8월 7일

　내친김에 임진각 평화누리공원도 다녀왔다. 어린이집 여름방학을 서울에서 잠시 보내고 딸과 찬유는 친할아버지와 친할머니가 있는 여수로 내려갔다. 여수로 내려가는 KTX열차에서 찬유는 자기보다 큰 어린이와 친해져서 사진도 찍고 놀면서 즐거운 기차여행을 했다. 여수에서 찬유는 할아버지와 할머니의 사랑을 받으며 행복한 시간을 보냈다. 서울에서 지낼 때는 설탕이 많이 들어있는 식품은 아기에게 나쁜 영향을 줄 수 있다고 하여 금기시하였는데 여수에서는 할머니의 사랑이 듬뿍 담긴 아이스크림을 실컷 먹기도 하였다. 딸과 찬유가 여수에서 즐겁게 지내는 동안 어느덧 여름방학이 끝나고 어린이집에 가야 할 시간이 되어 나와 아내는 딸과 찬유를 데리러 여수로 갔다. 여수에서 짬을 내어 오동도를 다녀왔다. 오동도는 고교시절 수학여행 때 와 보고 근 50년 만에 다시 온 것이다. 당시의 기억은 희미한데 지금 둘러보는 오동도는 너무나 멋지고 아름다운 공원이다. 이렇게 좋은 곳에서 가족과 함께 행복한 시간을 보낸다는 것이 감사할 뿐이다. 섬을 둘러보는 동안 찬유가 유모차를 타지 않고 자기가 밀고 가겠다고 하여 찬유에게 유모차를 맡겼다. 찬유는 자기 키보다 높은 유모차 손잡이를 잡고 버겁게 운전을 하였다. 무엇이든지 호기심을 가지고 스스로 해보려는 찬유의 모습이 기특하고 대견스럽다. 찬유가 커가면서도 지금처럼 새로운 것에 호기심을 가지고 자신이 스스로 해나가기를 기대해 본다. (8월 12-29일)

임진각 자유누리공원

오동도에서 유모차 운전

어느날 말문이 트이다

2025년 2월

아기를 키우다 보면 제일 관심 있는 것 중의 하나는 언제쯤 말을 하게 되고 의사 표현을 잘하게 되는가일 것이다. 우리 가족들도 예외 없이 같은 느낌으로 그러한 과정을 따라가고 있다. 누구나 자기의 아기가 빨리 말하기를 기대한다. 그러나 아기들에 따라 말하는 시기는 천차만별인 것 같다. 일반적으로 남아보다 여아가 말하는 시기가 빠르고 어휘력도 좋은 것 같다. 우리도 찬유를 키우며 말하는 것에 많은 관심을 가지고 있었다. 첫돌이 지나고 나서 '엄마'를 하기 시작하였지만 그 후로 말이 늘지를 않아서 염려를 많이 하였다. 사람들은 아기들의 말하는 것을 주위의 아기들과 비교하게 되고 대부분 말을 빨리 하고 잘하는 아기들과 비교하는 경향이 있는 것 같다. 그래서 자기의 아기가 말이 늦다고 생각하고 걱정을 많이 한다. 나도 그러한 염려에 동승하여 친구들과 모임이 있을 때마다 아기들의 말하는 시기에 대해서 물어보곤 했다. 자녀들이 일찍 결혼하여 손주를 본 친구들은 벌써 초등학교 고학년에 다니는 아이도 있고 나처럼 어린 손주를 돌보는 친구들도 많이 있다. 아기의 말하는 시기에 대한 질문에 대체적인 친구들의 답변은 여아들이 빠르고 남아들이 늦다는 것이다. 실제로 아기들을 돌보아 본 경험이 있는 친구들의 답변이기에 그것이 맞다는 생각이 들고 염려하는 우리 가족들에게 전해 주기도 했다. 우리 찬유도 두 돌이 지난 어느 날부터 말문이 트이고 어휘도 늘어나기 시작했다. 말하기 시작하자 행동의 변화가 생기기 시작했다. 전에는 의사전달이 잘 안되니까 때를 쓰기도 하고 가끔은 물건을 던져버리기도 하였는데 그러한 행동들이 없어졌다. 그렇다고 어른처럼 생각하고 행동한다는 것은 아니지만 말을 하고 소통이 된다는 것이 정말 소중하다는 것을 재인식하는 계기가 되었다. 찬유가 말문이 트이고 나니 기분 좋은 고민거리가 생겼다. 찬유가 가지고 싶거나 먹고 싶은 것이 있으면 '할아버지 이거 할아버지가 사줄 거야'라고 한다. 이때 내가 할 수 있는 대답은 '그래 할아버지가 사줄게'이다.

    찬유는 태어나고 살아가는 곳은 미국이고 친할아버지, 친할머니가 살고 있는 곳은 여수이고, 외할아버지, 외할머니가 살고 있는 곳이 서울이기에 같은 나이 또래의 아기들에 비해 많은 비행기 여행과 기차 여행을 하였다. 벌써 미국과 한국을 오가는 장거리 비행을 왕복 2회 편도 1회 하고 서울에 머물면서도 KTX를 타고 수시로 여수를 다녀왔다. 비행기에 탑승하였을 때는 장시간의 비행에 울거나 보채지 않을까 염려하였는데 별 탈 없이 여행을 하였다. 기차를 타고 여행하는데도 재미를 느껴 말문이 트이고 나서는 가끔 기차 타고 여수 할머니한테

가고 싶다고 자신의 생각을 말하기도 했다.

KTX 열차 안에서

찬유의 출국

2025년 5월 23일

　함께 지내며 여러 가지 좋은 추억을 만들었던 찬유가 미국으로 돌아갈 시간이 되었다. 잠시 돌아보니 찬유가 세상에 나와서 두 돌 반이 지나는 동안 나와 지낸 시간도 20개월이 넘었구나. 인천공항에서 찬유와 엄마 그리고 할머니를 환송하고 돌아오는 동안 찬유와 함께 지낸 일들이 머릿속에서 새롭게 떠올랐다. 처음 엄마의 뱃속에서 찬유가 세상에 나올 준비를 하고 있다는 소식을 들었을 때 우리는 모두 반가운 마음과 더불어 건강한 모습으로 세상에 나오기를 간절히 기도했다. 감사하게도 찬유는 건강하고 힘찬 울음으로 세상에 존재감을 알렸다. 찬유가 세상에 나옴으로써 우리 가족 모두에게도 새로운 세계가 펼쳐졌다. 전에는 찬유가 없었지만, 이제는 찬유와 함께 하는 삶이다. 할아버지와 할머니도 엄마와 외삼촌을 키우면서 경험했던 일이지만 찬유를 보면서 모든 것들이 새롭고 더욱 사랑스럽고 감동적으로 다가온다. 배냇웃음 등 무의식적으로 나타내는 행동을 보면서도 찬유가 무슨 좋은 생각을 하는 것일까 하고 각자 상상의 나래를 펴기도 했다. 모빌을 보면서 눈을 맞추기 시작하고 손짓발짓을 하다가 어느

날은 누워있는 상태에서 힘차게 발차기를 하고 있다. 어느 정도 시간이 지난 후에는 혼자서 뒤집기도 하고 배밀이를 시작했다. 뒤집기 하는 모습을 보면서 한 번에 되는 것이 아니라 반복적으로 시도하여 결국은 성공한다. 분유병을 잡고 우유를 먹고 소파에 등을 기대어 주면 앉기도 하며 하루하루가 다르다. 첫돌이 지난 후에는 걷기도 하고 나름의 의사표현도 하였다. 이러한 찬유와 함께하면서 나는 감사한 마음과 행복함을 느꼈다. 앞에서도 언급했지만 아기를 키우고 돌보는 일이 이렇게 힘들고 어려운 일인지 몰랐다. 지금의 세대는 다르지만 우리가 자랄 때는 남자는 부엌에 들어가면 안된다거나 아기를 보는 것은 여자가 전담하는 것으로 생각하며 지냈다. 물론 그 당시에 아닌 경우도 있었겠지만 대체로 그런 분위기였던 것으로 기억된다. 내가 찬유를 돌볼 기회가 없었다면 생각이 바뀌지 않았을 것이다. 짧은 시간이지만 찬유를 돌보면서 그동안 깨닫지 못했던 것을 알게 되었다. 그래서 직장 생활을 하는 나와 아내를 대신해서 우리의 자식을 돌보아준 장인, 장모님께 다시 한번 감사의 마음을 전하고 싶다. 장인, 장모님께서 베풀어주신 배려 덕분에 아내도 찬유를 돌보아 주고 나도 기꺼이 동참하게 됐다고 생각한다. 지난날을 돌아보면 육아나 다른 일에 있어서 아내는 떨어져 주말부부 생활을 하는 나에게 부담을 주지 않으려고 힘들어도 내색하지 않고 모든 일을 처리하였다. 지금 생각하니 아내에게 많이 미안하고 진작 내가 이런 생각을 했다면 하는 후회가 된다. 찬유 덕분에 나의 지난날을 돌아보고 부족함을 채워갈 수 있게 되어 고맙다. 그리고 찬유와 지내는 동안 나도 동심으로 돌아갈 수 있어서 정말 행복한 시간이었다. 너의 밝은 표정, 호기심 어린 눈빛, 거침없는 행동, 언제나 웃는 모습으로 다른 사람에게 다가가고 동물과 자연을 사랑하는 모습이 너무 사랑스럽다. 서울에 있는 동안 함께 동네 놀이터도 가고 멀리 공원에도 다니며 재미있는 놀이도 하고, 킥보드, 자전거도 타며 맛있는 꽈배기를 먹으며 동심으로 돌아갔다.

"찬유야, 처음 시작은 할아버지가 손자를 돌보는 일이었는데 어느덧 친구가 되었네."
"찬유야, 네가 있는 것만으로도 우리는 행복한데 친구가 되어 너무 고마워!"

멋진 친구, 항상 건강하고 행복하기를….

옆집 사는 글 쓰는 작가들

초판 1쇄 인쇄 2025년 8월 08일
초판 1쇄 발행 2025년 8월 15일

지은이 이상용, 임동건, 정작, 김규진, 장태원, 박해룡
펴낸이 종로구사회적경제통합지원센터

이 책은 편집 곽유찬 님, 표지디자인, 본문디자인 시여비 님과 함께
진심을 다해 만들었습니다.

ISBN 979-11-93265-62-8 (03800)

*책값은 표지 뒤쪽에 있습니다.
*잘못된 책은 구입하신 서점에서 교환해드립니다.
*이 책은 저작권법에 의하여 보호를 받는 저작물이므로 무단 전재와 복제를 금합니다.